마키아벨리

MACHIAVELLI: A Very Short Introduction, Second Edition

첫단추 시리즈
043

마키아벨리

퀜틴 스키너 지음
임동현 옮김

교유서가

차례

머리말

이 책의 이전 판들을 출판하는 데 큰 도움을 준 존 던(John Dunn), 헨리 하디(Henry Hardy), 수전 제임스(Susan James), 포칵(J. G. A. Pocock) 그리고 키스 토머스(Keith Thomas)에게 깊은 감사의 마음을 전한다. 그리고 개정판의 원고를 수정하는 데 도움을 준 안드레아 키건(Keegan)과 원고를 꼼꼼하게 교열해준 에드윈 프리처드(Edwin Pritchard) 그리고 한결같은 인내를 가지고 이 책의 출판을 도와준 제니 누지(Jenny Nugee)에게도 감사를 드린다. 또한 개선해야 할 내용들에 대해 값진 조언을 해준 조니 라이언스(Johnny Lyons) 그리고 최종 원고를 주의 깊게 검토해준 피트 스테이시(Pete Stacey)에게도 큰 빚을 졌다. 최근에 나는 1988년 고(故) 러셀 프라이스(Russell Price)

와 함께 작업했던 『군주론』 영역본의 개정판을 새로 출판했는데, 개정판 서문의 몇 구절을 이 책의 2장에서 그대로 사용할 수 있도록 허락해준 케임브리지대학출판부(Cambridge University Press)에도 감사의 인사를 전한다. 그리고 누구보다 매순간 값진 조언과 격려를 아끼지 않은 수전 제임스에게 진심 어린 감사의 마음을 전한다.

이 새로운 판본에서 나는 기존의 내용을 대폭 개정했으며 참고문헌 목록도 보충했다. 그러나 기본적인 논조는 그대로 유지했다. 나는 여전히 마키아벨리가 본질적으로 인문주의 정치사상의 신고전주의적 형식을 대표하는 인물이라고 생각한다. 게다가 나는 마키아벨리의 정치적 비전이 갖는 가장 독창적이고 창조적인 면 역시 그가 계승하고 지지하기도 했던 인문주의적 가정에 대한 일련의 논쟁적인 ─ 때로는 풍자적인 ─ 반응으로 이해되는 것이 최선이라고 확신하고 있다. 나의 주된 목표는 국가통치술에 대한 마키아벨리의 관점을 쉽고 간단하게 소개하는 것이다. 그럼에도 나의 해석이 관련 분야의 전문가들에게도 어느 정도 흥미를 불러일으킬 수 있기를 바란다.

나는 고대 그리스와 로마의 문헌을 인용할 경우에는 러브

고전총서(Loeb classical library)의 번역본을 사용했다. 그리고 외국어로 쓰인 모든 저작의 제목을 영어로 번역해 인용했고 모든 장과 절을 아라비아 숫자로 표기했다. 마키아벨리의 『서한집Correspondence』, 『외교문서집Legations』 그리고 일명 『변덕Caprices』의 경우에는 나 자신의 번역본을 그대로 인용했다. 마키아벨리의 다른 저작들에 대해서는 앨런 길버트(Allan Gilbert)의 훌륭한 영역본 『마키아벨리 전집Machiavelli: The Chief Works and Others』 가운데 일부 구절을 마키아벨리의 어법에 가깝도록 수정하는 방식으로 인용했다. 다만 예외적으로 이 책의 2권에 등장하는 『군주론』에 대한 논의를 위해서는 이번에도 역시 케임브리지대학출판부의 양해를 얻어 러셀 프라이스와 함께 문자 그대로의 번역에 가깝게 작업했던 『군주론』 영역본의 개정판을 이용했다.

『변덕』 『서한집』 그리고 『외교문서집』을 인용할 경우에는 각각 "Cap" "C" 그리고 "L"이라는 머리글자 뒤에 쪽수를 병기해 출처를 밝혔다. 마키아벨리의 다른 저작들을 인용할 경우에는 문맥상 내가 어떤 문헌을 인용하는지 명확하게 밝힌 후 괄호 안에 쪽수를 덧붙였다. 내가 출처로 사용한 모든 문헌의 서지사항은 책의 말미에 있는 참고문헌 목록 중 "이 책에 인용된 마키아벨리의 저작"에서 찾을 수 있다. 마키아벨리 이외의 다른 저자들의 저작을 인용할 경우에도 같은 방식을 따랐다. 이에 대한 서지사항은 마찬가지로 참고문헌 목록 중 "이 책에 인용된 다른 이의 저작"에서 확인할 수 있다. 그리고 고전문헌의 경우에는 예외적으로 러브고전총서의 권, 호, 단락 번호만을 간단히 표기하였다.

마키아벨리가 사용했던 핵심적인 정치용어들에 대해서는 먼저 이탈리아어 단어를 그대로 표기한 이후 영어로 번역했고, 『군주론』의 이탈리아어 원문은 2013년 토리노에서 출판된 조르조 잉글레제(Giorgio Inglese)의 판본을 참고하였다. 다른 저작들의 이탈리아어 원문은 카를로 무셰타(Carlo Muscetta)가 편집한 펠트리넬리(Feltrinelli)출판사의 『이탈리아어 고전선집Biblioteca di classici italiani』을 활용하였다.

비르투(virtù)와 세르비투(servitù)라는 용어에 대해서는 간략한 설명이 필요하다. 마키아벨리는 현대 이탈리아어의 철자와는 다르게, 즉 각각 virtú와 servitú로 표기하였다. 현대에 이탈리아어로 출판된 마키아벨리 책들에서는 본래의 철자를 고수하고 있지만 나는 이 단어들을 현대의 철자 표기법으로 바꾸어 표기하였다. 또한 나는 마키아벨리의 핵심 개념인 비르투(라틴어로 virtus)가 현대 영어에서 하나의 단어 혹은 편의

상 의역된 몇 개의 단어로 번역될 수 없다는 신념을 고수했다. 따라서 나는 이 책 전체에 걸쳐 이 용어를 번역하지 않고 본래의 형태대로 놔두었다. 그러나 이것이 내가 이 용어의 의미에 대해 논하지 않겠다는 뜻은 아니다. 오히려 이 책의 많은 부분에서 나는 마키아벨리가 이러한 용어를 통해 표현하고자 한 것이 무엇인지에 대한 해설을 시도했음을 밝힌다.

서론

    니콜로 마키아벨리가 세상을 떠난 지 500여 년이 흘렀지만 여전히 그의 이름은 정치의 영역에서 교활함, 표리부동, 불신의 대명사로 남아 있다. 셰익스피어가 "흉포한 마키아벨리"라고 불렀던 것처럼 그는 온갖 색채의 도덕론자, 보수주의자 그리고 혁명가들에게 똑같이 증오의 대상이 되어왔다. 에드먼드 버크(Edmund Burke)는 "마키아벨리적인 정책의 혐오스러운 금언"들이 프랑스혁명 이후의 "민주적 전제(democratic tyranny)"의 바탕에 깔려 있다고 단언했다. 마르크스와 엥겔스 역시 그에 못지않은 격렬한 태도로 마키아벨리즘의 원칙들을 공격했는데, 그들은 "마키아벨리적인 정책"의 진정한 옹호자는 혁명적 변화의 시기에 "민주 세력을 무력화하고자" 시도했던 사람들이라고 주장했다. 양측 모두가 동의한 지점은 마키아벨리즘이 미치는 해악이 정치적 삶의 도덕적 토대를 크게 위협한다는 것이었다.

마키아벨리의 이름을 둘러싼 지나친 악평 때문에 정치적 논쟁에서 마키아벨리주의자라는 혐의는 여전히 심각한 비난으로 간주된다. 헨리 키신저(Henry Kissinger)는 1972년 『더뉴 리퍼블릭The New Republic』이라는 잡지에 실린 오리아나 팔라치(Oriana Fallaci)와의 유명한 대담에서 자신의 견해를 자세하게 설명했는데, 당시 팔라치는 키신저가 미 대통령의 보좌관으로서 자신의 역할에 대해 이야기하는 것을 들은 후 다음과 같이 말했다. "듣다보니 당신이 미국의 대통령에게 얼마나 많은 영향을 미쳤는지가 아니라 마키아벨리에게 어느 정도로 영향을 받았는지가 더 궁금해지는군요." 이는 키신저가 극도로 피하고 싶어했던 질문이었다. 그는 마키아벨리의 추종자였을까? "아니오. 전혀 그렇지 않습니다." 그래도 어느 정도는 마키아벨리의 영향을 받지 않았을까? "추호도 그런 일은 없"다고 그는 대답했다.

마키아벨리가 얻은 악평 뒤에 놓여 있는 것은 무엇일까? 정말 그런 악평이 정당한 것일까? 그가 자신의 주요 저작들을 통해 제기했던 정치와 정치도덕에 대한 견해는 무엇이었을까? 이 책에서 밝히고 싶었던 의문은 바로 이런 것들이다. 마키아벨리의 학설을 이해하기 위해서 우리는 『군주론』 『로마사 논고』 및 기타 정치사상과 관련된 저작에서 그가 맞닥뜨렸던 문제들을 되짚어보는 것부터 시작해야 한다. 그리고 이를 위해서 마키아벨리의 저작들이 처음 집필되던 당시의 분위기, 즉 16세기 초 이탈리아 도시국가들의 정치적 맥락뿐 아니라 고대와 르네상스철학의 지적인 맥락을 재구성해볼 필요가 있다. 먼저 마키아벨리의 사상이 처음 형성되던 세계를 복원함으로써 당시 일반적이었던 도덕적 가정들을 공격한 마키아벨리의 독창성이 어떤 가치를 지니고 있는지 살펴볼 수 있을 것이다. 그러고 나서 그가 제시한 도덕적 견해의 함의를 파악함으로써 어째서 마키아벨리라는 이름이 지금까지도 정치권력이나 리더십과 관련된 모든 논의에 빈번하게 회자되고 있는지를 분명히 이해할 수 있을 것이다.

제 I 장

외교관

인문주의적 배경

마키아벨리는 1469년 5월 3일 피렌체(Firenze)에서 태어났다. 이어 우리가 가장 먼저 알게 되는 사실은 사보나롤라의 정권이 무너졌던 1498년, 그가 피렌체의 공무에 활발하게 참여하기 시작했다는 것이다. 그해 4월 초, 거의 4년 동안 예언적인 설교로 피렌체의 정치를 지배해왔던 도메니코회 출신 수도사이자 산마르코 수도원장 지롤라모 사보나롤라(Girolamo Savonarola)가 이단으로 몰려 체포되었다. 그리고 그 직후 정무위원회는 남아 있는 사보나롤라의 지지파들을 공직에서 해임하기 시작했는데, 그중에는 제2서기장이었던 알레산드로 브라체시(Alessandro Braccesi)도 포함되어 있었다. 이 자리는 한동안 공석으로 남아 있었는데, 몇 주가 지나자 브라체시를 대체할 인물로 마키아벨리의 이름이 물망에 올랐다. 당시 막 29세가 된 마키아벨리는 행정업무 경력이 전무했지만, 그럼에도 그의 임명안은 특별한 어려움 없이 통과되었고, 6월 19일 대평의회(Great Council)는 절차에 따라 그를 피렌체공화국의 제2서기장으로 승인했다.

마키아벨리가 서기국에 들어갔을 무렵에는 이미 주요 공직자들을 선발하기 위한 절차가 확고하게 정착되어 있었다. 공직자를 지망하는 이들은 자신의 외교적인 수완을 입증하는 것 외에도 이른바 인문학이라 불리는 영역에 뛰어난 소양을 갖추고 있다는 사실을 보여주어야 했다. 인문학(studia humanitatis)의 개념은 고대 로마의 문인들, 그중에서도 특히 키케로에게서 유래한다. 키케로가 생각했던 교육적 이상은 14세기 이탈리아의 인문주의자들에 의해 부활했고 여러 대학의 학문에 그리고 이탈리아인들의 공적인 행동양식에 막대한 영향력을 행사했다. 인문주의자들은 '진실로 인문주의적인' 교육에 적합한 커리큘럼을 만드는 일에 몰두했다. 그들은 학생들이 우선 라틴어에 숙달되기를 원했다. 그리고 라틴어에 대한 지식을 활용하여 고대의 연설이나 운문을 읽은 후 마지막으로 고대의 역사와 도덕철학을 공부해야 한다고 생각했다. 또한 그들은 이러한 방식의 훈련이 공적인 삶을 위한 최상의 준비 과정이라는 오래된 믿음을 널리 확산시켰다. 키케로가 반복적으로 주장했던 것처럼 이러한 훈련은 흔히 우리가 국가를 위해 봉사하기 위해서 주로 필요하다고 생각하는 가치들, 이를테면 공공의 이익을 기꺼이 사적인 이익보다 우위에 두는 자세, 부패와 폭정에 대항하려는 열망 그리고 우리 자신과 국가의 명예와 영광이라는 인간이 가질 수 있는 가장 고귀한 목표를 달성하려는 야망을 길러주게 된다는 것이다.

피렌체인들은 점점 이러한 믿음에 경도되었고, 선도적인 인문주의자들을 정부의 요직으로 등용하기 시작했다. 이러한 관행은 1375년 콜루초 살루타티(Coluccio Salutati)가 피렌체공화국의 서기장으로 임명되었던 것을 시작으로 하나의 원칙으로 빠르게 자리를 잡았다. 마키아벨리의 성장기에 제1서기장의 자리는 바르톨로메오 스칼라(Bartolomeo Scala)가 차지하고 있었다. 그는 공직 생활 내내 대학 교수직을 유지하고 있었고 전형적인 인문주의 저작들을 계속해서 집필했다. 그중 윤리학 논고 한 편과 『피렌체인의 역사History of the Florentines』가 대표적이다. 마키아벨리가 서기국에 재직하는 동안 살루타티의 후임자였던 마르첼로 아드리아니(Marcello Adriani)는 이러한 전통을 훌륭하게 유지했다. 아드리아니 역시 대학 교수로 재직하던 중 제1서기장으로 등용되었고 라틴어 교본과 피렌체 속어로 집필된 『피렌체 귀족의 교육에 대하여On the Education of the Florentine Nobility』 등 여러 편의 인문주의 저작들을 계속해서 발표했다.

마키아벨리는 귀족 출신도 아니었고 그렇다고 가문이 부유했던 것도 아니었다. 그러나 그의 가문은 피렌체의 인문주의 서클과 밀접한 관계를 맺고 있었다. 변호사로서 수입이 다소 불안정한 생활을 이어가고 있던 아버지 베르나르도(Bernardo)는 뛰어난 학자들과 대단히 친밀한 관계를 맺고 있었는데, 바르톨로메오 스칼라도 그중 하나였다. 1483년 스칼라가 집필한 『법률과 법률적 판단에 대하여On Laws and Legal Judgements』라는 제목의 소책자는 스칼라 자신과 "나(스칼라)의 친한 친구" 베르나르도 사이의 대화체 형식을 취하고 있다(160). 게다가 마키아벨리가 성장하고 있던 1474년에서 1487년 사이에 베르나르도가 쓴 『일기Diary』에는 그가 르네상스적 인문학 개념의 성립에 기초가 되는 고전문헌을 공부했다는 사실이 분명하게 드러난다. 베르나르도는 1477년과 1480년 각각 키케로의 『필립픽스Philippics』와 수사학의 걸작인 『변론가론On the Orator』을 빌렸다고 기록해놓았다. 또한 1470년대에는 키케로의 가장 중요한 윤리학 논고로 꼽히는 『의무에 대하여On Duties』을 몇 차례 빌렸고 1476년에는 리비우스의 『역사History』 사본을 구입하기도 했는데, 이 사본은 약 40년 후 정치철학에 대한 마키아벨리의 방대한 야심작 『로마사 논고』의 기초가 되었다.

베르나르도의 일기에 명백하게 드러나는 또다른 사실은 그가 자신의 아들이 인문학을 위한 기초 지식을 습득할 수 있도록 애를 썼다는 점이다. 이는 베르나르도 자신이 명세서를 작성해가며 걱정했을 정도로 비용이 많이 드는 일이었다. 마키아벨리의 교육은 그의 일곱번째 생일이 지난 직후부터 시작되었는데, 이때 베르나르도는 정규교육의 첫번째 단계인 라틴어 학습을 위해 "나의 어린 아들 니콜로가 마테오(Matteo) 선생의 학교에 다니기 시작했다"고 기록했다(11). 마키아벨리는 12세가 되었을 무렵 파올로 다 론칠리오네(Paolo da Ronciglione)의 문하에 들어가 정규교육의 두번째 단계를 시작했다. 유명한 선생이었던 그는 마키아벨리와 같은 세대의 가장 뛰어난 인문주의자들 가운데 몇몇을 가르치기도 했다. 이 시기의 마키아벨리에 대하여 베르나르도는 1481년 11월 5일 그의 『일기』에 "니콜로가 이제—고전문체의 뛰어난 모델을 모방하는 전형적인 인문주의 방식에 따라—자신만의 라틴어 문장을 쓸 수 있게 되었다"고 자랑스러운 어조로 기록했다(31). 우리가 파올로 조비오(Paolo Giovio)의 말을 신뢰할 수 있다면, 마키아벨리는 정규교육의 최종 단계를 위해 피렌체대학교에 들어갔던 것으로 보인다. 조비오의 『명인예찬Eulogies on Famous Men』에 따르면 마키아벨리는 마르첼로 아드리아니(Marcello Adriani)로부터 "그리스어와 라틴어의 가장 탁월한 문장들을 배웠다"(259). 이미 앞서 살펴본 것처럼 이는 아드리아니가 제1서기장으로 임명되기 전 대학 교수로 재직하던 시절의 일이었다.

이와 같은 인문주의적 소양은 마키아벨리가 어떻게 해서 1498년 여름 정부의 요직에 임명되었는지를 설명하는 하나의 단서가 된다. 그 이전에 이미 아드리아니는 제1서기장으로 재직중이었다. 그는 인문학의 영역에서 마키아벨리가 보여주었던 재능을 기억하고 있었을 것이고, 정권의 교체로 인해 생긴 서기국의 공석을 메우기 위해 마키아벨리에게 자리를 마련해주기로 결정했다. 그러나 아드리아니는 공식적으로 마키아벨리를 천거할 수 있는 위치에 있지 않았다. 최종 결정권은 대평의회에 있었다. 마키아벨리가 임명될 수 있었던 더 중요한 이유는 사보나롤라 정권의 갑작스런 몰락이었을 것이다. 1498년 5월 사보나롤라가 화형에 처해질 때까지 마키아벨리는 사보나롤라와 그의 추종자들의 맹렬한 적으로 자신의 이름을 알려왔다. 그리고 바로 이것이 대평의회가 새로 출범한 반(反)사보나롤라 정부의 요직에 마키아벨리를 앉히기로 한 결정적인 이유였을 것이다.

외교 임무

공직에 앉은 마키아벨리에게 맡겨진 임무는 크게 두 가지였다. 1437년에 출범한 제 2서기국은 피렌체공화국의 행정문서들을 주로 취급하는 부서였다. 그러나 마키아벨리는 제2서기장인 동시에 제1서기장을 보좌하는 6인의 비서관 가운데 하나이기도 했다. 그리고 이러한 자격으로 그는 공화국의 대외 정책과 외교 정책을 관할하는 10인으로 구성된 전쟁위원회(Ten of War)의 일도 맡게 되었다. 마키아벨리는 대부분의 근무 시간을 베키오궁(Palazzo Vecchio, 그림 1) 안에서 보내야 했지만, 전쟁위원회를 대표해서 피렌체공화국 대사들의 비서관으로 활동하는 동시에 외교 문제와 관련된 상세한 보고서를 본국으로 보내는 임무를 맡아 국외로 출장을 떠나는 경우도 있었다.

마키아벨리가 처음으로 외교 임무를 맡았던 것은 1499년 7월의 일이었다. 이때 그는 1488년부터 포를리(Forli)를 섭정하고 있던 카테리나 스포르차(Caterina Sforza)와 만나기 위해 피렌체를 떠나 있었다. 피렌체공화국은 1498년 카테리나의 아들 오타비아노(Ottaviano)를 용병대장으로 고용했지만 이제는 그의 보수를 상당한 수준으로 삭감하는 재계약을 원하고 있었다. 마키아벨리는 카테리나를 만나 직접 협상을 하라는 요청을 받았는데, 카테리나는 르네상스 시기 이탈리아에서

1. 마키아벨리가 1498년부터 1512년까지 제2서기장으로 근무했던 피렌체의 베키오궁. © StevanZZ/Shutterstock.com

남성이 아니더라도 군주가 될 수 있다는 사실을 확실하게 일깨워주는 여성이었다. 물론 카테리나는 예외적인 사례였겠지만, 마키아벨리는 카테리나가 어느 모로 보나 군주로서 모자람이 없는 인물이라는 느낌을 받았다. 그녀는 서두르거나 두려워하는 기색을 보이지 않았으며 결국 본래 제안받았던 보수를 인상하는 데에 성공했다. 훗날 마키아벨리는 『군주론』 20장에서 그녀를 인민들이 적대적이었던 순간에도 잠시나마 자신의 권력을 유지했던 인물로 묘사했다.

그로부터 1년이 지난 1500년 7월, 처음으로 이탈리아 밖에서 외교사절로 활동할 수 있는 기회가 찾아왔다. 당시 마키아벨리에게는 프란체스코 델라 카사(Francesco della Casa)와 함께 프랑스 왕 루이 12세의 궁정에 "가능한 한 서둘러서" 도착하라는 명이 내려졌다(L. 70). 프랑스에 외교사절을 보내기로 결정했던 것은 피렌체가 피사와의 전쟁에서 겪게 된 어려움 때문이었다. 피사인들은 1496년에 반란을 일으켰고, 이후 4년 동안 그들의 독립 의지를 꺾으려는 모든 시도를 성공적으로 물리쳐왔다. 그러다 1500년 초 프랑스가 피사를 수복할 수 있도록 피렌체에 도움을 주기로 결정했고 피사를 포위 공격하기 위한 병력을 파견했다. 그러나 이번에도 역시 참담한 실패로 끝나고 말았다. 피렌체가 고용한 가스코뉴 용병들은 탈주했고, 스위스의 지원군은 보수가 지불되지 않자 반란을 일으켰다. 그리하여 피사에 대한 공격은 굴욕적으로 중단될 수밖에 없었다.

전쟁위원회가 마키아벨리에게 내린 지시 사항은 "이번에 아무런 성과를 내지 못한 것은 우리(피렌체)의 결점 때문이 아니라는 것을 명확하게 밝히는" 동시에 가능하다면 프랑스의 지휘관들이 "부패하고 비겁하게" 행동했다는 "인상을 심어주는" 것이었다(L. 72, 74). 그러나 마키아벨리는 루이 12세를 처음 만난 자리에서 그가 지난 공격의 실패에 대한 변명에는 별 관심이 없다는 사실을 깨달았다. 루이 12세는 다만 뭔가 잘못 운영되고 있는 것이 명백해 보이는 피렌체의 정부로부터 차후에 그가 어떤 실질적인 도움을 기대할 수 있는지 알고 싶어했다. 이는 이후 마키아벨리가 루이 12세와 그의 수석 고문 플로리몽 로베르테(Florimond Robertet) 그리고 루앙 대주교와 나누었던 모든 대화의 핵심 주제이기도 했다. 마키아벨리는 거의 6개월간 프랑스의 궁정을 방문했다. 그러나 이번 방문은 그로 하여금 프랑스의 정책보다는 점점 더 모호해지는 이탈리아 도시국가들의 위상을 깨닫게 만들었을 뿐이다.

마키아벨리가 이번에 처음으로 깨닫게 된 사실은 근대의 왕권에 대해 연구해본 사람이라면 누구나 느끼게 되는 것처럼, 피렌체의 통치체계가 터무니없이 우유부단하고 허약해 보인다는 사실이었다. 시뇨리아(signoria), 즉 피렌체의 정무위원회는 7월 말까지 프랑스와의 동맹 조건을 재협상하기 위해 추가 사절단을 보내기로 예정되어 있었다. 8월과 9월 내내 마키아벨리는 추가 사절단이 피렌체를 떠났는지 여부를 알기 위해 대기중이었다. 마키아벨리는 루앙 대주교에게 얼마 지나지 않아 사절단이 도착할 것이라고 확언했지만 10월 중순까지도 그들이 도착할 기미는 보이지 않았다. 그러자 대주교는 마키아벨리가 늘어놓는 변명에 대해 경멸하는 태도를 공공연히 드러냈다. 마키아벨리가 기록한 바에 따르면 그가 마침내 사절단이 오고 있다는 사실을 루앙 대주교에게 확인해 주었을 때 "그(대주교)는 정확히 이렇게 대답했다". "당신이 말한 것이 사실이겠지만, 사절단이 도착하기 전에 우리는 전부 늙어 죽고 말 거요"(L. 168).

더욱 치욕스럽게도 마키아벨리는 프랑스인들의 눈에 피렌체인들이 느끼는 자부심이 피렌체의 군사적인 지위나 경제적인 부와 전혀 걸맞지 않은 것으로 비춰진다는 사실을 깨닫게 되었다. 마키아벨리는 정무위원회에 다음과 같은 소식을 전해야 했다. 프랑스인들은 "오로지 군사력이 막강하거나 기꺼이 돈을 지불할 수 있는 나라"들만을 중시하는데, "피렌체의 경우에는 두 가지 조건이 모두 부족하다"고 판단한다는 것이다. 마키아벨리는 "피렌체의 위대함은 이탈리아에 있는 프랑스 왕의 영토를 안전하게 지키는 데 도움이 될 것"이라고 말하려 했지만, "모든 것이 부질없다"는 사실을 깨달았다. 프랑스인들의 비웃음을 살 것이 빤했기 때문이었다. 마키아벨리가 고백한 바에 따르면, 고통스러운 진실은 "프랑스인들은 피렌체인들을 별 볼 일 없는 사람으로 부른다는 것"이었다(L. 126~n).

마키아벨리는 자신이 얻은 교훈을 마음 깊이 새겼다. 그가 성숙한 시기에 집필했던 정치 관련 저술들은 늑장을 부리는 일의 어리석음, 우유부단하게 보이는 것의 위험성 그리고 전쟁이나 정치에서 대담하고 신속한 행동의 필요성과 관련된 경고들로 가득하다. 그러나 마키아벨리로서는 이탈리아의 도시국가들이 미래를 기대할 수 없다는 전망을 그대로 받아들일 수는 없었다. 1504년 마키아벨리가 집무를 보기 위해 출입했던 베키오궁의 입구에 미켈란젤로의 다비드 상이 배치되었는데, 마키아벨리는 아마도 매일 이 조각상 곁을 지나쳤을 것이다. 그러면서 그는 피렌체가 골리앗과 대결하는 다윗이라는 깊은 확신을 갖게 된 것으로 보인다. 마키아벨리는 이탈리아의 도시국가들이 프랑스, 독일 그리고 스페인과 같은 더 우세한 힘에 무자비하게 복속되는 것을 목격했지만, 그럼에도 불구하고 그들이 여전히 다시 독립을 되찾고 유지할 능력을 가지고 있다고 믿었으며, 이러한 믿음을 바탕으로 그들의 군사적, 정치적 행동을 이론화하는 작업을 계속해나갔다.

프랑스에서의 외교 임무는 1500년 12월에 종료되었다. 그리고 마키아벨리는 가능한 한 서둘러 피렌체로 복귀했다. 그가 자리를 비운 사이 그의 누나가 세상을 떠났고 아버지 역시 그가 피렌체를 향해 출발하기 직전에 숨을 거두었다. (마키아벨리가 정무위원회에 제기했던 불만처럼) 그의 가정사는 "엉망진창이 되어버렸다"(L. 184). 또한 마키아벨리가 복귀를 서두른 데에는 직장과 관련된 문제도 작용하고 있었다. 10월 말경 마키아벨리의 보좌관이었던 아고스티노 베스푸치(Agostino Vespucci)가 "만일 돌아오지 않는다면 서기국에서 당신의 자리를 완전히 잃게 될 것"이라는 소문을 전했던 것이다(C. 60). 게다가 머지않아 마키아벨리가 피렌체 인근에 머무르고 싶어하게 된 또다른 이유가 생겼는데, 바로 1501년 가을 그와 결혼식을 올리게 된 마리에타 코르시니(Marietta Corsini)에 대한 구애 때문이었다. 마리에타는 마키아벨리의 생애와 관련해 그렇게 잘 알려진 인물은 아니었지만, 마키아벨리의 편지를 살펴보면 그가 마리에타를 평생에 걸쳐 좋아했다는 사실을 알 수 있다. 마리에타는 마키아벨리와의 사이에서 여섯 명의 아이를 출산했으며 마키아벨리의 부정(不貞)을 참을성 있게 견뎌냈다. 그리고 마키아벨리보다 약 25년을 더 살았다.

피렌체로 복귀한 이후 약 2년 동안 마키아벨리는 주로 피렌체와 그 인근에 머물렀는데, 이 시기 국경 지역에서 새롭게 등장한 위협적인 군사력을 지닌 세력이 정무위원회를 불안하게 만들고 있었다. 바로 체사레 보르자(Cersare Borgia)의 세력이었다. 그는 1501년 4월 아버지였던 교황 알렉산데르 6세(Alexander VI)에 의해 로마냐(Romagna) 공작의 자리에 오른 인물이었다. 그 직후 체사레 보르자는 자신의 작위에 걸맞은 영토를 갖기 위한 일련의 대담한 군사 원정 계획을 실행에 옮겼다. 그는 먼저 파엔차(Faenza)를 점령한 후 1501년 9월 피옴비노(Piombino)를 포위 공격하여 함락시키는 데 성공했다. 1502년 봄에는 그의 부관들이 발 디 키아나(Val di Chiana)를 선동하여 피렌체에 대항하는 폭동을 일으키도록 만들었는데, 그동안 보르자 자신은 북쪽으로 진군하여 우르비노(Urbino) 공국을 눈 깜짝할 사이에 점령했다. 이러한 성공에 의기양양해진 보르자는 피렌체에 공식적인 동맹관계의 수립과 더불어 자신이 제시하는 조건을 전달할 사절을 보내라고 요구했다. 이 까다로운 임무가 마키아벨리에게 맡겨졌다. 1502년 10월 5일 마키아벨리에게 명령이 하달되었고, 이틀 후 그는 이몰라(Imola)로 가서 보르자를 만났다.

이 임무를 기점으로 마키아벨리는 그의 외교관 경력에 있어 가장 중요한 시기를 맞이한다. 이 시기에 마키아벨리는 자신을 가장 즐겁게 만들었던 작업, 즉 당대의 국가통치술(statecraft)을 직접 관찰하고 평가하는 작업을 수행할 수 있었다. 또한 바로 이 시기에 정책이 결정되는 과정을 직접 지켜볼 수 있었고, 이를 토대로 당대의 통치자들에 대한 최종적인 평가를 내리게 되었다. 흔히 마키아벨리의 『외교문서집』은 훗날 마키아벨리가 표명한 정치적 견해의 '가공되지 않은 형태'이거나 혹은 '대략적인 초안'에 불과한 것이라고 이해되어왔다. 말년에 그가 강제로 공직에서 물러났을 때 자신의 견해를 다시 정리하면서 그것을 완전한 형태로 만들었다는 것이다. 그러나 앞으로 살펴보게 되겠지만 『외교문서집』을 연구해본다면 그 안에 담겨 있는 마키아벨리의 평가와 심지어 경구들까지도 대부분 현장에서 즉시 떠올린 것이며, 훗날 『로마사 논고』 그리고 특히 『군주론』에 사실상 아무런 수정 없이 수록되었다는 것을 알 수 있다. 마키아벨리가 자신을 세상에 드러내는 방식은 이미 이 시기에 완성되어 있었다. 산티 디 티토(Santi di Tito)가 그린 유명한 초상화(그림 2) 속 마키아벨리의 모습에서 우리는 신중하고 계산적인 동시에 차분하고 냉정한 태도를 엿볼 수 있다.

보르자의 궁정에서 마키아벨리는 4개월가량 자신의 임무를 수행했다. 그동안 그는 보르자와 단둘이 앉아 많은 대화를 나누었다. 보르자는 자신의 정책과 그 뒤에 깔린 야심을 마키아벨리에게 상세하게 설명했던 것으로 보인다. 마키아벨리는 큰 감명을 받았다. 마키아벨리가 기록한 바에 따르면 공

2. 산티 디 티토가 그린 마키아벨리의 초상. 피렌체 베키오궁 소장. ©Science History Images/Alamy Stock Photo

작은 "초인적인 용기를 가진" 사람이었을 뿐만 아니라 "원하는 것은 무엇이든 성취할 수 있다고 생각하는" 사람이었다(L. 520). 보르자는 뛰어난 언변 못지않게 행동 역시 탁월했다. 보르자는 "모든 일을 혼자서 통제했고" "극도로 비밀스럽게" 통치했으며 그 결과 그가 계획했던 바를 놀라울 만큼 빠르게 결정하고 실행에 옮길 수 있었다(L. 427, 503). 간단히 말해 마키아벨리는 보르자가 단순히 건방진 용병대장이 아니라 "이탈리아의 새로운 실력자로 간주되어야 하는" 인물이라는 사실을 깨달았다(L. 422).

이와 같은 마키아벨리의 견해는 본래 전쟁위원회에 비밀리에 전해진 것으로 시간이 지나고 나서야 널리 알려지게 되었다. 왜냐하면 이 견해가 『군주론』 7장에 거의 아무런 변화 없이 수록되었기 때문이었다. 『군주론』에서 마키아벨리는 보르자의 경력을 개괄하면서 그의 용기와 탁월한 능력 그리고 엄청난 목적의식을 다시 한번 강조했다(33~34). 또한 마키아벨리는 보르자가 그의 인물됨 못지않게 책략의 실행능력에 있어서도 인상적이라는 자신의 평가를 되풀이했다. 보르자는 "뿌리를 내리기 위해" "가능한 모든 수단과 조치를 취했고" 그 짧은 기간 동안 "후일의 권력을 위한 강력한 토대"를 마련했다. 만일 행운이 그를 저버리지 않았다면 그는 "모든 어려움을 극복했을 것이다"(29, 33).

마키아벨리는 보르자가 가진 통치자로서의 자질을 흠모했지만, 놀라울 정도로 지나친 자신감에 대해서는 처음부터 불편한 감정을 드러냈다. 1502년 10월 마키아벨리는 "내가 이곳〔이몰라〕에 있는 동안 수립된 공작의 정부는 그의 좋은 운을 기반으로 한 것"이라고 기록했다(L. 386). 이듬해 초 그는 더욱 못마땅한 어조로 공작이 여전히 자신의 "전례 없는 행운"에 의존하는 것에 그치고 있다고 언급했다(L. 520). 1503년 10월 마키아벨리가 로마에 외교 사절로 파견되어 다시 한번 보르자를 가까이서 관찰할 기회가 생겼을 때, 그가 이전에 가졌던 의혹들은 보르자가 가진 능력에 한계가 있다는 확신으로 굳어져갔다.

마키아벨리가 로마로 향했던 주된 이유는 교황청에서 발생한 뜻밖의 사태를 조사하여 보고하라는 임무가 맡겨졌기 때문이었다. 그해 8월 교황 알렉산데르 6세가 세상을 떠났는데 그의 뒤를 이었던 피우스 3세(Pius III) 역시 취임 한 달 만에 같은 운명을 맞이한 것이다. 피렌체의 정무위원회는 특히 보르자가 입장을 바꾸어 줄리아노 델라 로베레(Giuliano della Rovere) 추기경을 후보로 지지하기 시작하자 향후 일어나게 될 일들에 대해 매일 보고받기를 원했다. 이러한 상황전개는 피렌체의 이해득실에 잠재적인 위협으로 간주되었는데, 로베레에 대한 보르자의 지지는 그가 교황으로 선출되었을 경우 보르자를 교황군의 총사령관으로 임명하겠다는 약속을 전제로 한 것이기 때문이었다. 그리고 만일 보르자가 그 자리를 차지한다면 피렌체 국경 지대에서 새로운 군사적 적대 행위를 시작하게 될 것이 확실했다.

따라서 마키아벨리가 올린 최초의 급보들은 로베레가 "압도적 다수"의 지지를 받아 교황 율리우스 2세(Julius II)로 선출되었던 콘클라베(교황 선출을 위한 추기경단의 회의. '열쇠로 잠근다'는 뜻을 가진 단어로, 추기경단이 바티칸 시스티나 예배당에 유폐되어 외부와의 접촉이 차단된 가운데 투표를 진행하는 관행에서 비롯되었다. 투표용지를 태워 나오는 연기로 투표의 결과를 외부에 알리는데 검은 연기는 미결, 흰 연기는 새 교황의 선출을 의미한다―옮긴이)에 초점이 맞추어져 있었다(L. 599). 그러나 일단 상황이 이렇게 되자 모든 이의 관심은 새롭게 전개되기 시작한 보르자와 새로운 교황 사이의 대립으로 옮겨갔다. 마키아벨리는 표리부동의 달인이라고 할 수 있는 두 인물이 서로를 겨누는 모습을 관찰하며 그가 초기에 가졌던 보르자의 능력에 대한 의혹이 틀리지 않았다는 확신을 갖게 되었다.

마키아벨리가 느끼기에 보르자는 로베레에 대한 지지를 철회하기로 한 그의 행동 안에 어떠한 위험이 내재되어 있는지 예측하지 못하고 있었다. 그가 전쟁위원회에 상기시켰던 것처럼 로베레 추기경은 보르자의 아버지인 교황 알렉산데르 6

세 치하에서 추방당해 "10년간의 망명생활"을 해야만 했다. 마키아벨리는 로베레가 자신의 적이었던 사람의 아들과 진실로 동맹을 맺을 정도로 이 일을 "그렇게 빨리 잊을 수는 없었을 것"이라고 덧붙였다(L. 599). 그러나 마키아벨리가 가장 강하게 비판했던 것은 이처럼 불확실하고 위험한 상황에서조차 보르자가 그때까지 지속되던 행운에만 의존할 정도로 자만에 빠져 있다는 사실이었다. 처음에 마키아벨리는 놀라움을 숨기지 않은 채 "공작은 넘치는 자신감이 자신을 망치도록 내버려두었다" 정도의 간단한 언급을 했을 뿐이다(L. 599). 그러나 2주가 지난 후에도 여전히 보르자를 총사령관으로 임명하는 일이 마무리되지 않은데다가 로마냐에 있는 보르자의 영지에서 대규모의 반란까지 일어나게 되자 마키아벨리는 더욱 신랄한 어조로 공작이 "그가 맛보는 데 익숙하지 않았던 운의 일격"에 의해 "망연자실한 상태가 되었다"고 보고했다(L. 631). 그달 말이 되자 마키아벨리는 "보르자의 불운이 그를 완전히 무기력하게 만들어 이제는 어떠한 결정도 단호하게 내릴 수 없는 상황이 되었다"는 결론에 도달했다. 그리고 11월 26일에는 전쟁위원회에 "더이상 그(보르자)를 고려하지 않고 행동해도 된다"는 확신에 찬 보고를 올렸다(L. 683). 그로부터 한 주가 더 지나 마키아벨리는 "이제 공작은 점점 더 무덤 속으로 빠져들어가고 있다"며 보르자의 상황에 대한 마지막 보고를 올렸다(L. 709).

앞서 언급했던 것처럼 보르자의 성격과 기질에 대한 마키아벨리의 은밀한 판단은『군주론』7장에 수록되어 세상에 널리 알려졌다. 마키아벨리는 "율리우스의 교황 선출을 지지하는" 공작의 "판단이 그릇된 것이었다"는 언급을 반복한다. 왜냐하면 "그가 해를 가한 적이 있는 어떠한 추기경에게도 교황의 자리를 허락해서는 안 되었기" 때문이다(34). 그리고 그는 공작이 지나치게 좋은 운에만 의존했다는 근본적인 비판으로 되돌아간다. 보르자는 어느 단계에 이르러 그가 "운의 악의적인 일격"에 의해 방해받는 사태가 올 수 있다는 점에 대비를 하지 못했고 실제로 이러한 일이 일어나자마자 무너지고 말았다는 것이다(29). 마키아벨리는 보르자에게 깊은 인상을 받았지만 그럼에도 불구하고 최종적인 판단은『외교문서집』못지않게『군주론』에서도 부정적이었다. 그는 "아버지의 운으로 자신의 지위를 얻었으며", 운이 떠나자마자 그 지위를 잃게 되었다는 것이다(28).

마키아벨리가 직접 경험해보고 평가를 내릴 수 있었던 또 다른 유력한 통치자는 새로운 교황 율리우스 2세였다. 마키아벨리는 교황 선출 기간 동안 몇 차례 그를 알현할 수 있었다. 그러나 마키아벨리가 교황의 성격과 통치능력을 완전히 간파했던 것은 훗날 그에게 맡겨진 두 차례의 외교 임무를 통해서였다. 그중 첫번째는 1506년이었다. 마키아벨리는 8월에서 10월 사이에 다시 교황청으로 파견되었다. 당시 그는 페루자(Perugia)와 볼로냐(Bologna)를 포함하여 이전에 교회의 지배를 받았던 영토들을 수복하기 위한 율리우스 특유의 공격적인 계획에 대해 피렌체의 정무위원회에 보고를 올리는 임무를 수행하고 있었다. 두번째는 마키아벨리가 프랑스 궁정을 마지막으로 방문했던 1510년이었다. 이 시기 율리우스는 이탈리아에서 "야만인들"을 몰아내기 위한 대규모의 군사원정을 계획하고 있었는데, 이러한 야심이 피렌체인들을 난처한 상황으로 몰아넣었다. 피렌체인들은 점점 더 호전적으로 변해가는 교황의 비위를 건드리고 싶은 생각이 추호도 없었지만, 다른 한편으로 그들은 프랑스와 전통적인 동맹관계에 있었다. 프랑스는 교황의 군대가 1년 전 루이 12세가 수복한 밀라노공국의 영토를 침공할 경우 피렌체로부터 어떠한 도움을 기대할 수 있을지에 대한 즉각적인 답을 요구했다. 1506년과 마찬가지로 마키아벨리는 율리우스의 군사원정이 어떻게 전개되어가는지를 근심스럽게 지켜보면서 그의 희망대로 피렌체가 중립을 유지할 수 있는 방법을 궁리하고 있었다.

마키아벨리는 마치 전사(戰士)와 같은 교황의 행동에 깊은 인상을 받았으며 심지어 놀라움을 느끼기도 했다. 그는 교황령 국가의 영토를 수복하려는 율리우스의 계획이 결국 실패로 끝나게 되리라는 가정하에 임무에 착수했다. 1506년 마키아벨리는 "교황이 원래 원하던 바를 성취할 수 있으리라고 믿는 사람은 아무도 없다"고 기술했다(L. 996). 그러나 그는 곧 자신이 했던 말을 번복해야 했다. 그달 말이 되기 전 율리우스 2세가 페루자에 다시 입성하여 "일을 마무리지었던 것"이다. 그리고 10월이 되기 전 마키아벨리의 외교 임무는 끝을 맺었는데, 율리우스 2세의 앞뒤 재지 않는 군사원정 끝에 볼로냐가 무조건적인 항복을 선언했다는 소식이 들려왔기 때문이다. 이에 대해 마키아벨리는 "페루자의 사절들이 교황의 발밑에 무릎을 꿇고 도시를 넘겨주었다"고 언급했다(L. 995, 1035).

그러나 오래지 않아, 특히 1510년 율리우스 2세가 그의 빈약한 군대를 프랑스로 진군시키겠다는 놀라운 결정을 내린 후부터 마키아벨리는 교황에 대해 한층 더 비판적인 생각을 갖게 되었다. 처음에 마키아벨리는 단지 율리우스 2세의 대담함이 "그의 신성함이 아닌 다른 무언가에 기반을 두고 있다는 사실이 밝혀지리라"는 냉소적인 기대를 피력했다(L. 1234). 그러나 곧 그는 훨씬 더 심각한 어조로 다음과 같이 기록했다. "이곳에 있는 어느 누구도 교황이 취한 조치가 어떤 근거를 가지고 있는 것인지 확실하게 알지 못한다." 그리고 율리우스 2세의 사절들조차 교황이 벌인 모든 모험적인 일들에 대해 "경악을 금치 못했다"고 고백하는데, 이는 교황이 그러한 일들을 수행할 만한 "자원이나 조직을 가지고 있는지에 대해 대단히 회의적"이었기 때문이다(L. 1248). 당시까지만 해도 마키아벨리는 교황을 전면적으로 비난할 마음이 없었다. "볼로냐 원정에서처럼" 교황의 "더할 나위 없는 대담함과 권위"가 그의 무모한 진격을 예기치 않은 승리로 이끌지 모른다는 생각 때문이었다(L. 1244). 그러나 마키아벨리는 완전히 낙담하기 시작했다. 그는 교황이 "전능하신 하느님에 의해 세상을 파멸로 이끌도록 운명 지워진 것처럼 보인다"는 로베르테의 견해에 전적인 공감을 표시했고 이를 반복적으로 언급했다. 그리고 교황이 정말로 "그리스도교를 붕괴시키고 이탈리아를 몰락시키는 일에 열중하는 것처럼 보인다"는 점에 동의했다(L. 1257, 1270).

교황의 행보에 대한 이러한 설명은 『군주론』에 고스란히 다시 등장한다. 마키아벨리는 우선 율리우스 2세가 "모든 일을 충동적으로 진행했지만" 그럼에도 불구하고 가장 비현실적인 과업에서조차 "언제나 성공적이었다"는 점을 인정했다. 그러나 이후 이러한 성공은 단지 "시기와 상황"이 "율리우스 2세의 행동방식과 맞아떨어져" 그가 자신의 무모함에 대한 대가를 치를 필요가 없었기 때문이라고 주장했다. 그리고 이러한 주장을 바탕으로 교황의 놀라운 성공에도 불구하고 그의 통치술에 대해 극도로 비판적인 견해를 내놓았던 자신의 입장을 정당화했다. 율리우스가 "자신의 맹렬한 추진력으로, 인간이 가질 수 있는 최대한의 신중함을 견지했던 다른 교황들이 성취하지 못했을 일들을 달성했다"는 사실은 틀림이 없다. 그러나 율리우스가 위대한 통치자로 보이는 것은 단지 그의 "짧은 생애" 때문이다. "만일 그가 신중하게 행동해야 하는 시기가 왔다면 그는 몰락했을 것이다. 그는 결코 자신의 본성이 자신을 이끄는 방식으로부터 벗어나지 못했을 것이기 때문이다"(91~92).

교황청에 파견되었던 1506년 그리고 프랑스로 돌아간 1510년 사이에 마키아벨리는 이탈리아 국경 밖에서 또 한 차례 외교 임무를 수행했다. 그리고 이 과정에서 그는 또 한 명의 유력한 통치자를 직접 관찰하고 평가할 기회를 갖게 되었는데, 바로 신성로마제국의 막시밀리안(Maximilian) 황제였다. 피렌체의 정무위원회가 사절을 파견하기로 결정했던 것은 이탈리아로 진군하여 로마에서 대관식을 갖고자 하는 황제의 계획에 대한 우려 때문이었다. 막시밀리안은 이와 같은 자신의 계획을 피렌체에 밝히면서 만성적인 자금 부족을 해소하기 위한 많은 액수의 기부금 지급을 요구하고 있었다. 정무위원회는 만일 황제가 정말로 이탈리아에 온다면 부득이하게 그의 요구를 들어주어야 하겠지만 내려오지 않는다면 그럴 필요가 없다고 느끼고 있었다. 그렇다면 그는 정말 올

것인가? 그 답을 찾기 위해 1507년 6월 프란체스코 베토리 (Francesco Vettori)가 급파되었지만 대단히 혼란스러운 보고만 올라왔던 까닭에, 6개월 후 추가로 마키아벨리가 파견되었던 것이다. 베토리와 마키아벨리는 결국 황제의 원정 계획이 취소되었다는 사실이 확실해진 이듬해 6월까지 신성로마제국의 궁정에 머물렀다.

합스부르크 가문의 수장에 대한 마키아벨리의 언급에서는 체사레 보르자나 율리우스 2세에 대한 평가에 나타나는 미묘한 어조나 유보적인 태도를 전혀 찾아볼 수 없다. 처음부터 끝까지 마키아벨리는 효과적으로 정부를 이끌기 위해 필요한 자질이라고는 전혀 찾아볼 수 없는 완전히 무능한 통치자라는 인상을 황제로부터 받았다. 마키아벨리가 느끼기에 그의 기본적인 결점은 "전체적으로 태만하고 쉽게 속는" 성향이었다. 그로 인해 "그〔황제〕는 자신에게 제시되는 모든 상이한 의견들을 언제나 기꺼이 받아들인다"(L. 1098~1099). 마키아벨리는 이러한 결점 때문에 황제와의 협상 자체가 불가능하다는 사실을 깨달았다. 왜냐하면 이탈리아 원정과 관련해 어떤 행동을 취할 것인지 결정해야 하는 순간에도 여전히 황제는 "일이 어떻게 될지는 신만이 아실 것"이라는 태도를 보이고 있었기 때문이다(L. 1139). 마키아벨리가 보기에 이러한 결점은 황제의 통치를 변덕스럽고 불안정하게 만드는 요인이기도 했다. "어느 누구도 그〔황제〕가 무엇을 하려는지 알지 못했으며 모든 이가 "계속되는 혼란 상태"에 있었기 때문이다(L. 1106).

마키아벨리는 『군주론』에서 막시밀리안 황제에 대해 언급하며 자신이 일찍이 내렸던 판단을 되풀이했다. 막시밀리안 황제에 대한 논의는 군주는 좋은 조언에 귀를 기울여야 한다는 주제를 담은 23장에 등장한다. 마키아벨리는 조언자들을 단호하게 다스리지 못했을 경우에 생기는 위험성을 황제의 행동을 예로 들어 경고한다. 막시밀리안은 결단력이 없고 지나치게 유순하여 만일 그의 계획이 "널리 알려지고" 그때 "주위에서 그것을 반대한다면" 즉각 "그것을 포기하는" 인물로 묘사된다. 이와 같은 우유부단함이 황제를 다루기 어렵게 만드는데, "누구도 그가 바라거나 의도하는 바를 전혀 알 수 없기" 때문이다. 또한 이는 황제를 완전히 무능한 통치자로 만들기도 하는데, 그가 내린 어떠한 결정도 "신뢰하기가 불가능"한데다가, "무엇을 결정하더라도 다음날 그것을 번복"하기 때문이다(87).

외교의 교훈

자신이 만났던 통치자들과 정치가들에 대한 최종적인 판단을 기록으로 남길 무렵 마키아벨리는 그들 모두가 한 가지, 단순하지만 근본적인 교훈을 잘못 이해하고 있었다는 결론에 도달했다. 그 결과 그들은 자신이 착수했던 일에 실패했다. 그렇지 않고 성공을 거두었더라도 그것은 적절한 정치적 판단이 아닌 운으로 이루어낸 성공에 불과했다. 그들이 가지고 있던 공통적인 결점은 변화하는 상황에 직면했을 때 유연하게 대처하지 못했다는 것이다. 체사레 보르자는 언제나 자만에 빠져 있었고, 막시밀리안 황제는 지나치게 조심스럽거나 우유부단했으며, 율리우스 2세는 늘 성급하고 충동적이었다. 그들 모두가 공통적으로 깨닫지 못했던 사실은 그들이 자신의 성격이라는 틀에 시대를 끼워 맞추려 노력하는 대신에 자신의 성격을 시대의 상황에 맞게 적응시켰더라면 훨씬 더 큰 성공을 거두었으리라는 점이다.

『군주론』에서 마키아벨리가 시도했던 통치술에 대한 분석의 핵심에는 이러한 판단들이 자리하고 있다. 그러나 그가 최초로 이러한 통찰에 도달하게 된 것은 『군주론』을 집필하기 훨씬 이전의 일이었다. 『외교문서집』을 보면 그의 통찰이 자기성찰의 산물이라기보다는 상황 판단이 기민했던 두 명의 정치가를 직접 만나 그들의 견해를 경청하는 과정에서 생겨났다는 사실을 분명히 알게 된다. 그중 첫번째 인물은 볼테라 (Volterra)의 추기경이자 피에로 소데리니(Piero Soderini)의 형

제였으며 곤팔로니에레(gonfaloniere)(본래 중세 유럽의 '기수
(旗手)'를 의미하는 말이다. 르네상스 시기 피렌체를 비롯한 이탈리
아의 도시국가들에서는 행정수반을 이렇게 불렀다―옮긴이)로 당
시 피렌체 정부를 이끌고 있던 프란체스코 소데리니(Francesco
Soderini)였다. 마키아벨리는 율리우스 2세가 교황으로 선출
되던 날 소데리니 추기경과 만나게 되었다. 추기경은 "지금처
럼 우리 도시(피렌체)가 새 교황으로부터 희망을 갖게 되는 일
은 오랫동안 없었다"고 마키아벨리를 안심시키면서도 "다만
새 교황이 어떻게 하면 시대와 조화를 이룰 수 있는지 잘 알
고 있다면 말입니다"라고 덧붙였다(L. 593). 그로부터 2년 후
마키아벨리는 훗날 『군주론』 22장에서 "대단히 유능한 사람"
이라고 극찬하게 되는 시에나(Siena)의 영주 판돌포 페트루치
(Pandolfo Petrucci)와의 협상 과정에서 이와 동일한 견해를 접
하게 된다(85). 마키아벨리는 정무위원회로부터 페트루치가
피렌체를 대할 때 사용했던 "모든 속임수와 음모"의 이유를
추궁해서 밝혀내라는 임무를 부여받았다(L. 911). 페트루치는
뻔뻔스러운 태도로 답을 내놓았고 이때 마키아벨리는 대단히
깊은 인상을 받았다. 그가 대답하기를, "가능한 한 실수가 발
생하지 않기를 바라면서, 나는 매일 통치 업무를 수행하고 매
시간 나의 일을 조율합니다. 시간이 우리의 두뇌보다 더 강한
힘을 갖고 있기 때문입니다"(L. 912).

일반적으로 당대의 통치자들에 대한 마키아벨리의 언급은 가혹하리만큼 비판적이다. 그렇다 하더라도 마키아벨리가 당대의 국가통치술을 통째로 범죄와 어리석음 그리고 불운의 역사로 간주하고 있었다고 결론짓는 것은 그의 견해를 호도하는 일이 될 것이다. 외교 임무를 수행하면서 그는 여러 차례 정치적 문제에 맞닥뜨렸으며 또 그것이 해결되는 과정들을 지켜볼 수 있었는데, 이러한 과정들은 그에게 큰 감명을 주었을 뿐만 아니라 통치술에 대한 그의 이론에 명백한 영향을 미치기도 했다. 그 가운데 하나의 사례로 1503년 가을 체사레 보르자와 교황 사이에서 오래 지속되었던 지략 싸움을 들 수 있다. 당시 마키아벨리는 교황청에 공작이 등장하면서 진퇴양난의 상황에 빠진 율리우스 2세가 그 상황에 어떻게 대처해 나가는지를 흥미진진하게 지켜보았다. 마키아벨리가 전쟁위원회에 상기시켰던 것처럼 보르자에 대해 "교황이 늘 품어왔던 증오심"은 "널리 알려진 사실"이지만, 그렇다고 해서 교황으로 선출되기까지 보르자가 "다른 누구보다 큰 힘이 되었다"는 점은 변함이 없으며, 그 결과 교황은 "공작에게 많은 중대한 약속들을 하게 되었다"(L. 599). 이 문제는 해결이 불가능한 것처럼 보였다. 어떻게 율리우스 2세가 자신의 엄숙한 서약을 깨지 않으면서 동시에 행동의 자유를 바랄 수 있었겠는가?

마키아벨리가 곧 발견하게 되었던 것처럼 해답은 냉정하리

만치 단순한 두 단계로 나타났다. 교황으로 선출되기 전 율리우스 2세는 "확실한 신의(信義)를 가진 인물로서" "보르자와의 약속을 지키기 위해" "그와의 관계를 유지할 의무가 있다"고 강조하며 신중한 태도를 보였다(L. 613, 621). 그러나 교황은 자신이 안전하다고 느끼자마자 즉각 모든 약속을 저버렸다. 교황은 공작의 작위를 박탈하고 군대를 빼앗았을 뿐만 아니라 그를 체포하여 교황청에 투옥시켰다. 마키아벨리는 이러한 불의의 습격을 목격하고 경악과 동시에 감탄을 금치 못했다. 마키아벨리는 본국으로 보내는 문서에 다음과 같이 기록했다. "이 교황이 얼마나 명예롭게 자신의 빚을 갚기 시작했는지 보십시오. 그는 줄을 그어 지워버리듯 간단히 자신의 빚을 청산했습니다." 또한 마키아벨리는 다음과 같은 말을 의미심장하게 덧붙였는데, 아무도 교황의 위신이 떨어졌다고 생각하지 않았으며 오히려 "모든 사람들이 계속해서 열렬히 교황을 축복하고 있습니다"(L. 683). 마키아벨리는 훗날 『군주론』에서 이보다 더 시각을 넓혀 권력을 가진 자가 속임수와 기만에 의해 해를 입지 않을 수 있는 능력에 대해 고찰했다. 그는 18장의 끝부분에서 인간의 모든 행동, 특히 자신의 행동에 대해 설명할 필요가 없는 통치자의 행동과 관련하여 인간은 겉으로 보이는 일의 결과에만 주목한다는 견해를 제시했다. "그의 수단은 언제나 훌륭하다는 평가를 받을 것이고 어디에서나 칭송받을 것이다"(67).

교황의 승리는 마키아벨리가 수치스럽게 허를 찔렸던 보르자에 대해 실망을 느끼는 계기가 되었다. 마키아벨리가 전쟁위원회에 보낸 보고서에 빈번하게 언급했던 것처럼 공작은 절대로 "타인의 말이 자신의 말보다 더 신뢰할 만하다"고 생각하지 말았어야 했다(L. 600). 그럼에도 불구하고 보르자는 의심의 여지없이 마키아벨리가 그의 행동을 관찰하면서 가장 배울 점이 많다고 느꼈던 통치자였다. 마키아벨리는 두 차례에 걸쳐 보르자가 위험한 고비에 맞서고 그것을 극복해나가는 모습을 관찰할 수 있는 기회를 가졌는데, 이때 보르자가 보여준 용기와 확신에 대해 마키아벨리는 전적으로 존경하는 마음을 갖게 되었다.

이 가운데 첫번째 계기는 1502년에 찾아왔다. 이해에 로마냐의 주민들은 보르자의 부관인 리미로 데 오르코(Rimirro de Orco)가 한 해 전 그 지역을 평정하기 위해 사용했던 강압적인 방법에 대하여 갑작스런 분노를 드러내고 있었다. 사실 리미로는 공작의 지시를 따랐을 뿐이었으며 대단히 성공적으로 그 지역에 혼란을 진압하고 안정된 정부를 수립했다. 그러나 그의 잔인성이 주민들의 증오를 불러일으켰고 그로 인해 공작의 입지가 불안정해지기 시작했다. 보르자는 어떤 조치를 취해야 했을까? 마키아벨리가 전쟁위원회에 보고한 것처럼 보르자는 놀라울 정도로 기민하게 사태를 해결했다. 리미로는 이몰라로 소환되었다. 그리고 그로부터 4일 후 "그는 광장에서 두 동강이 난 시체로 발견되었으며 모든 주민들이 그의 시체를 볼 수 있었다". 마키아벨리는 다음과 같이 덧붙였다. "사람을 공과에 따라 자신이 원하는 대로 살릴 수도 있고 죽일 수도 있음을 보여주는 것은 공작에게 단순한 즐거움에 불과했다"(L. 503).

비슷한 시기에 보르자는 그가 로마냐에서 맞닥뜨린 군사적 어려움을 수습하게 되는데, 이것이 바로 마키아벨리로 하여금 경탄하게 만든 두번째 계기였다. 처음에 공작은 자신의 군대를 구성하기 위해 지방의 군소 영주들에게 의지해야만 했다. 그러나 1502년 여름 그들 가운데 선도적인 위치에 있던 사람들, 특히 오르시니(Orsini)가와 비텔리(Vitelli)가의 사람들을 신뢰할 수 없으며 그들이 오히려 보르자를 상대로 반역 음모를 꾀하고 있다는 사실이 명백해졌다. 보르자는 어떠한 조치를 취해야 했을까? 그가 취한 첫번째 조치는 간단했다. 화해를 가장하여 그들을 제거하는 것이었다. 보르자는 세니갈리아(Senigallia)에서 회의를 열고 그들을 초대한 후 일거에 살해해버렸다. 이때만큼은 마키아벨리도 냉정함을 잃어버렸다. 그가 전쟁위원회에 이 사건에 대해 올린 보고서에 기술했던 것처럼 그는 "이러한 사태의 전개를 넋을 잃은 채 바라보았다"(L. 508). 이후 보르자는 신뢰할 수 없는 동맹을 활용하느니 직접 자신의 군대를 양성해야 한다고 다짐했다. 이는 이탈리아의 모든 군주들이 용병을 고용하여 전쟁을 치르던 당시로서는 전례가 없는 정책이었다. 그러나 마키아벨리는 이 정책이 멀리 앞을 내다본 비범한 조치라는 인상을 받았던 것으로 보인다. 마키아벨리는 공작이 그때부터 "자신이 가진 권력의 토대 가운데 하나"가 "자신의 군사력"이 되어야 한다고 다짐했을 뿐만 아니라 놀라운 정도로 빠르게 징병에 착수하여 "이미 무장한 보병 500 그리고 그와 비슷한 수의 경기병을 갖게 되었다"는 보고를 전쟁위원회에 올렸다(L. 419). 또한 마키아벨리는 강한 경계의 어조로 공작이 "어떠한 사태가 벌어지더라도 잘 무장된 자신의 군대를 거느리고 있는 자는 늘 유리한 위치를 차지할 수 있을 것"이라고 믿게 되었기 때문에 "더욱더 기꺼이 이에 대해 서술하는 것"이라고 덧붙였다(L. 455).

10년 동안 외국에서 외교 임무를 수행한 이후 1510년경 그는 자신이 만났던 대부분의 정치가들에 대한 확고한 견해를 갖게 되었다. 오로지 교황 율리우스 2세만이 여전히 이해하기 힘든 수수께끼로 남아 있었다. 마키아벨리는 1510년 프랑스에 대한 교황의 선전포고를 두고 터무니없이 무책임한 행동이라는 인상을 받았다. "이 두 세력 사이의 적대관계"가 피렌체의 입장에서 볼 때는 "가장 무서운 재난"이 될 수도 있었다

(L. 1273). 그러나 다른 한편으로는 율리우스 2세의 무모할 정도로 성급한 성격이 그를 이탈리아의 재앙이 아닌 구세주로 만들지 모른다는 희망을 버릴 수 없었다. 볼로냐를 상대로 한 군사원정이 끝날 무렵 마키아벨리는 교황이 "더 큰 일을 실행에 옮김으로써" "이번에는 이탈리아가 정말로 자신을 에워싸고 있는 세력으로부터 구원을 받을 수 있을지도 모른다"는 상상마저 하게 되었다(L. 1028). 그로부터 4년 후 국제적인 위기가 점점 고조되어가는 상황에도 불구하고 여전히 마키아벨리는 "볼로냐 사태의 경우처럼" 교황이 "모든 이를 자신의 편으로 끌어들임으로써" 사태를 수습할 수도 있다는 생각을 하면서 점점 커져가는 두려움을 떨쳐버리려 노력했다(L. 1244).

마키아벨리와 그의 조국 피렌체의 입장에서는 불행한 일이었지만 결국 현실화된 것은 마키아벨리의 소망이 아닌 두려움이었다. 1511년의 전쟁에서 혼이 난 율리우스 2세는 이탈리아를 완전히 탈바꿈하게 만드는 동맹을 맺기로 결정했다. 1511년 10월 4일 교황은 스페인의 페르디난드(Ferdinand)와 신성동맹(Holy League)을 체결함으로써 프랑스와의 성전(聖戰)을 위한 군사적인 원조를 확보했다. 그리고 1512년 새로운 군사원정이 시작되자마자 막강한 스페인의 보병대가 이탈리아로 진군했다. 그들은 먼저 프랑스 군대의 진격을 저지했고, 그들을 라벤나, 파르마, 볼로냐에서 몰아낸 후 마침내 밀라노

너머로 퇴각시켰다. 그런 다음 피렌체를 공격했다. 당시 프랑스의 요청을 감히 거절할 수 없었던 피렌체는 교황에 대한 지지를 선언하지 못했었는데, 이제 이러한 실수에 대한 대가를 치러야 할 차례였다. 8월 28일 스페인 군대는 인접한 프라토(Prato) 약탈을 감행했고, 그로부터 사흘 뒤 피렌체는 항복을 선언했다. 당시 곤팔로니에레였던 소데리니는 망명을 떠나야 했고, 지난 18년 동안 국외로 추방되어 있던 메디치가가 다시 피렌체로 복귀했다. 그리고 몇 주 뒤 공화국은 해체되었다.

마키아벨리도 공화국 체제와 운명을 같이했다. 11월 7일 그는 서기국에서 공식적으로 해임되었다. 그로부터 3일 후 그는 피렌체 영내에서 1년 동안의 억류를 선고받았는데, 보석금은 총 1,000플로린(florin)에 달하는 막대한 액수였다. 이후 1513년 2월 최악의 사태가 발생했다. 새로 들어선 메디치 정권에 대항하는 음모가 실패로 돌아간 후 마키아벨리는 그에 가담했다는 누명을 쓰게 되었다. 마키아벨리는 붙잡혀 고문을 당했고 투옥된 뒤 무거운 벌금형까지 선고받았다. 훗날 마키아벨리가 메디치가에 바치는 『군주론』의 헌정사에서 하소연했던 것처럼 "운이 부당하게 가하는 거대하고도 끊임없는 심술"이 갑작스럽게, 포악하게 그를 쓰러뜨렸다.

제 2 장

군주의 조언자

피렌체의 상황

1513년 초 메디치가는 예측하지 못한 성공을 거두었다. 2월 22일 조반니 데 메디치(Giovanni de' Medici) 추기경은 율리우스 2세의 사망 소식을 접한 후 로마로 출발했고, 3월 11일 콘클라베에서 교황 레오 10세로 선출되었다. 이러한 결과는 한편으로 마키아벨리가 품고 있던 희망에 또하나의 타격을 가한 셈이 되었다. 피렌체에 새로 들어선 메디치 정권에 전례 없는 인기를 가져다주었기 때문이다. 조반니는 역사상 최초로 교황의 자리에 오른 피렌체인이었으며, 당대의 일기작가(日記作家) 루카 란두치(Luca Landucci)에 따르면 피렌체는 이를 축하하기 위해 거의 일주일 동안 모닥불을 피우고 축포를 쏘았다(266~268). 그러나 한편으로 이는 기대하지 않았던 행

운의 징조이기도 했다. 피렌체 정부가 대규모 축하 행사의 일
환으로 사면령을 내렸고 이로 인해 마키아벨리가 자유의 몸
이 되었기 때문이다.

마키아벨리는 풀려나자마자 행정당국에 스스로를 천거하
기 위한 책략을 세우기 시작했다. 자신의 예전 동료였던 프란
체스코 베토리가 로마에 대사로 부임해 있었는데 마키아벨리
는 그에게 영향력을 발휘하여 "어느 자리에든 등용될 수 있도
록 나(마키아벨리)에게 호의를 베풀 수 있는 수단을 찾을 것"
을 촉구하는 편지를 여러 차례 보냈다(C. 244). 그러나 곧 베토
리가 그를 도와줄 능력이 없거나 혹은 그럴 의사가 없다는 사
실이 분명해졌다. 크게 낙심한 마키아벨리는 피렌체 남부 산
탄드레아(Sant'Andrea)에 있는 그의 농장에 칩거했으며 베토
리에게는 "모든 인간사회와의 연을 끊었다"는 내용의 편지를
보냈다(C. 250). 그곳에서 그는 처음으로 참여자가 아닌 분석
가로서 정치적 상황에 대해 숙고하기 시작했다.

마키아벨리는 먼저 이탈리아에 프랑스와 스페인이 다시 개
입하는 것이 어떤 의미를 갖는지에 대한 자신의 생각을 장문
의 편지에 호소력 있게 담아 베토리에게 보냈다. 그런 후에 자
신이 12월 10일자 편지에 쓴 것처럼 자신의 외교적 경험과 역
사적 교훈을 토대로 국가통치술의 법칙에 대해 더 체계적으
로 성찰하며 자신의 의지와 상관없이 부여받은 여가의 무료

함을 달래기 시작했다.

이 편지에서 마키아벨리는 자신이 "상속 재산으로 받은 누추한 집"에 기거하는 처지가 되었다는 불만을 토로했다(C. 303). 그러나 그는 매일 저녁 서재에 틀어박혀 책을 읽고 사색하며 자신의 삶을 견뎌내고 있었다(제4장 그림 5 참조) 마키아벨리는 특히 고대의 역사에 집중했는데, "고대인들의 궁정에 들어가서 그들과 이야기했고 그들이 취했던 행동의 이유를 물었다"(C. 304). 동시에 그는 "통치의 기술을 연구하는 데 몰두했던 15년이라는 기간 동안" 자신이 배웠던 교훈에 대해 곰곰이 생각했다(C. 305). 마키아벨리의 말에 따르면, 그 결과 "군주국에 대한 짧은 책을 하나 집필했는데, 이 책에서 이 주제에 대해 가능한 한 깊게 파고들었다"(C. 304). 이 짧은 책이 바로 마키아벨리의 걸작 『군주론』이다. 이 책은 1532년이 되어서야 출판이 되지만 마키아벨리가 쓴 편지에 따르면 초고를 쓰기 시작한 것은 1513년 후반이었고, 아마도 그해 말 탈고했던 것으로 보인다(그림 3).

마키아벨리가 베토리에게 털어놓았던 것처럼 그의 가장 큰 희망은 이 책으로 인해 "우리 메디치가의 군주들"이 자신을 주목하게 될 수도 있다는 것이었다(C. 305). 『군주론』의 헌정사를 통해 명확하게 드러나는 것처럼 그가 이런 방법으로 주의를 끌기 원했던 이유 가운데 하나는 충성스러운 신민으로

IL PRINCIPE DI NICCHOLO MACHIA
VELLO AL MAGNIFICO LOREN.
ZO DI PIERO DE MEDICI.

LA VITA DI CASTRVCCIO CASTRA.
CANI DA LVCCA A ZANOBI BVON
DELMONTI ET A LVIGI ALEMAN.
NI DESCRITTA PER IL
MEDESIMO.

IL MODO CHE TENNE IL DVCA VA.
LENTINO PER AMMAZAR VITEL
LOZO, OLIVEROTTO DA FER.
MO IL.S.PAOLO ET IL DV
CA DI GRAVINA ORSI
NI IN SENIGAGLIA,
DESCRITTA PER
IL MEDESIMO.

Con Gratie, & Priuilegi di. N.S. Clemente
VII. & altri Principi, che intra il termino di. X.
Anni non si stampino. ne stampati si uendino:
sotto le pene, che in essi si contengono.
M. D. X X X II.

3. 1532년 안토니오 블라도(Antonio Blado)에 의해 로마에서 출판된 『군주론』 초판
의 표지.

서 "자신의 헌신을 드러내는 징표"를 메디치가에 바치고 싶은 열망이었다(3). 이러한 열망을 이루고자 하는 초조함은 심지어 마키아벨리가 견지하고 있던 객관적인 서술 태도마저 흐리게 만들었던 것으로 보인다. 『군주론』 20장에서 그는 다소 감정적인 어조로 새로운 통치자는 "통치 초기에 자신이 의혹을 가졌던 사람들이 처음부터 신뢰했던 사람들보다 더 믿을 만하고 유용하다는 사실이 입증되는 경우"를 발견할 수 있다는 주장을 제시했다(72). 훗날 『로마사 논고』에서 마키아벨리가 이러한 견해를 단호하게 부정했다는 사실을 고려한다면(236), 이 시기 마키아벨리의 분석에 특별한 간청의 요소가 개입되지 않았다고 느끼기는 어렵다. 특히 『군주론』에서 그가 "이전 정권에 만족했던" 사람들이 언제나 어느 누구보다 더 유용한 것은 아니라는 점을 "어느 군주에게나 상기시키지 않으면 안 된다"는 우려를 반복하고 있다는 점을 보아서도 그렇다(72~73).

그러나 어쨌든 마키아벨리의 주된 관심사는 메디치가에게 자신이 등용할 만한 가치가 있는 사람이며, 내버려두기에는 아까운 전문가라는 사실을 명확하게 인식시키는 데 있었다. 그는 『군주론』의 헌정사에서 "군주의 본성을 잘 이해하려면 인민의 한 사람이 되는 것이 필수적"이라고 말한다(4). 또한 언제나처럼 확신에 찬 어조로 자신이 성찰한 바가 두 가지 이유에서 특별한 가치가 있다고 덧붙인다. 그는 자신이 "여러 해"에 걸쳐 "많은 어려움과 위험"을 감수하면서 "최근에 벌어진 사태에 대한 오랜 경험"을 얻었다는 사실을 강조했다. 그리고 자신이 "대단히 주의 깊게" 성찰해온 필수적인 지혜의 원천, 즉 "고대의 역사에 대한 지속적인 연구"를 통해 국가통치술에 대해 이론적으로 능통하게 되었음을 자랑스럽게 언급했다(3).

그렇다면 마키아벨리는 자신이 해왔던 독서와 경험의 결과를 토대로 군주에게, 특히 메디치가에게 어떤 것을 가르칠 수 있다고 생각했을까? 누구든 『군주론』의 첫 부분을 읽기 시작한다면 마키아벨리가 단지 군주국의 다양한 유형과 "그것을 획득하고 유지하는 수단"을 다소 무미건조하게 분류하고 있을 뿐이라는 인상을 갖게 된다(41). 1장에서 마키아벨리는 "영지"(dominion)의 개념을 규정한 후, 모든 영지를 공화국 혹은 군주국으로 구분하면서 논의를 시작한다. 그러고는 당분간 공화국에 대한 논의를 생략하고 오로지 군주국에만 관심을 두겠다고 공언하며 곧장 공화국을 논의의 대상에서 제외한다. 이후에 그는 모든 군주국이 세습된 것이거나 그렇지 않다면 새로이 탄생한 것이라는 별로 특별할 것 없는 견해를 제시한다. 그리고 세습 군주는 어려움을 덜 겪게 마련이고 따라서 자신의 조언을 덜 필요로 한다는 주장과 함께, 다시 세습 군주국을 논의의 대상에서 제외한다. 그는 신생 군주국에 초점을 맞추어 논의를 이어가는데, "세습 군주국의 통치자에게 정복당해 부속물처럼 덧붙여진" 혼합 군주국과 "완전히 새로운" 신(新) 군주국을 구분한다(5, 6). 마키아벨리는 "혼합 군주국"에는 별 관심을 두지 않는다. 그에 대해서는 단지 세 개의 장만을 할애하여 서술한 후, 6장으로 넘어가 그를 무엇보다 매료시켰던 주제인 신 군주국에 대한 논의를 시작한다(19). 여기에서 마키아벨리는 논의의 대상을 다시 한번 세분화하는 동시에 군주국의 획득 및 유지를 가능케 하는 요인을 대립항으로 제시하고 있는데, 이 대립항을 중심으로 이후의 논의가 전개된다. 마키아벨리가 선언하는 바에 따르면 새롭게 탄생한 군주국은 "자신의 군대와 비르투(virtù)(마키아벨리에 따르면 비르투는 군주가 지녀야 할 핵심적인 자질 가운데 하나이다. 지금까지 이 용어는 도덕적 함의가 배제된 '실력' '힘' '능력' '역량' 등으로 번역되는 경우가 많았으나, 『군주론』에서 비르투가 때로는 '악덕'과 대비되는 의미로 사용되는 사례가 있다는 지적에 따라 '덕' 혹은 '미덕'으로 번역되는 것이 최근의 경향이다. 이 책에서는 비르투가 "현대 영어에서 하나의 단어 혹은 편의상 의역된 몇 개의 단어로 번역될 수 없다"는 저자 스키너의 신념에 따라 본래의 용어를 그대로 사용할 것이다. 비르투의 구체적인 함의는 본문을 통해 상세하게 제시된다—옮긴이)에 의해서" 혹은 "타인의 군대와 운을 통해서" 획득되고 유지된다(19, 22).

이분법적 대립항으로 논의를 옮겨간 이후 마키아벨리는 첫 번째 범주, 즉 자신의 군대와 비르투에 의해서 획득되고 유지되는 군주국에는 거의 관심을 두지 않는다. 마키아벨리는 "자신의 운을 통해서가 아니라 비르투를 통해서" 권력을 갖게 된 이들이 가장 뛰어난 통치자들이라는 점에 동의하면서 모세, 키루스, 로물루스 그리고 테세우스의 예를 들었다(20). 그러나 마키아벨리는 근대 이탈리아의 경우에는 (프란체스코 스포르차 같은 인물 정도가 예외가 될 수도 있겠지만) 적절한 예를 찾아내지 못했다. 이는 근대의 부패와 타락 속에서 비르투를 통한 통치를 기대하기 어렵다는 점을 암시하는 것이다. 따라서 마키아벨리는 운과 외국의 군대에 의해 획득된 군주국으로 눈을 돌리게 된다. 여기에서 그는 대조적으로 근대 이탈리아의 많은 사례들을 발견하게 된다. 그 가운데 가장 유익한 예는 아버지의 운을 통해 지위를 얻은 체사레 보르자의 사례이다. 그의 행적은 그와 유사한 상황에 있는 누구에게든 "귀감으로 삼을 만한 가치가 있는" 것이다(23, 28).

이러한 주장과 함께 마키아벨리는 영지와 군주국을 분류하는 작업을 종결한다. 그리고 그가 이러한 작업을 시도했던 근본적인 원인이 명백하게 드러난다. 비록 마키아벨리가 의도적으로 일련의 중립적인 분류체계를 통해 자신의 생각을 제시하고는 있지만, 사실 그는 특정한 하나의 사례를 조명할 수 있도록 논의를 구성했다. 그것은 이 사례가 갖는 지역적 그리고 개인적인 중요성 때문이었다. 그는 운과 외국의 군대에 의해 권력을 얻게 된 통치자에게 전문가의 특별한 조언이 필요하다고 말한다. 『군주론』을 읽는 당대의 독자라면 누구든 마키아벨리가 이러한 주장을 전개하던 순간, 메디치가가 정말 놀라운 운에 더해 스페인 왕 페르디난드의 지원을 받은 막강한 군대를 바탕으로 피렌체에서 그들이 예전에 누렸던 지배력을 되찾았다는 사실을 떠올리지 않을 수 없었을 것이다. 물론 이는 마키아벨리의 주장이 지역적인 유효성만을 갖기 때문에 무시되어도 좋다는 것을 의미하지는 않는다. 그러나 그가 당대의 독자들로 하여금 특정한 시대와 장소에 초점을 맞추도록 의도했던 것만은 명백해 보인다. 그 장소란 피렌체였으며 그 시대는 바로 『군주론』이 집필되고 있던 시기였다.

고대의 유산

1512년에 그랬던 것처럼 마키아벨리와 그의 동시대인들이 인간사에 미치는 운(運, fortuna)(포르투나(fortuna)는 '운(運)' 혹은 '운명(運命)'으로 옮기는 것이 관례이다. 이 책에서는 모두 '운'으로 통일했고, 운의 여신 포르투나(Fortuna)를 지칭할 경우에는 번역 없이 본래의 용어를 그대로 사용했다―옮긴이)의 압도적인 힘에 대해 숙고해야 한다고 느꼈을 때, 그들은 운의 여신 포르투나의 복잡한 성격을 배우기 위해서 고대 로마의 역사가들과 도덕가들의 가르침으로 눈을 돌렸다. 고대 로마의 저술가들은 만일 통치자가 운의 개입으로 인해 자신의 지위를 얻게 되었다면 그가 배워야 할 첫번째 교훈이란 운의 여신이 선물을 가지고 온다고 하더라도 그녀를 두려워해야 한다는 것이라고 주장했다. 한니발이 결국 젊은 스키피오에게 굴복하는 극적인 순간을 묘사했던 리비우스의 『로마사』 30권에는 이와 관련된 영향력 있는 진술이 등장한다. 한니발의 항복 연설은 자신을 굴복시킨 자가 여태껏 "운이 결코 기만한 적이 없는 사람"이라는 경탄조의 말과 함께 시작된다. 그러나 그 뒤에 인간사에서 운이 차지하는 중요성에 대한 중대한 경고가 뒤따른다. "운의 힘은 어마어마할" 뿐만 아니라 "가장 크고도 좋은 운이라는 것은 언제나 가장 신뢰할 수 없는 것"이다. 만일 우리가 성공하기 위해 운에 의존한다면 우리는 종국에는 늘 그렇듯 운의 여신이 우리에게 등을 돌릴 때 더욱 비참하게 몰락하기 쉽다(30.12~23).

그렇다고 해서 로마의 도덕가들이 운을 가차 없이 해로운 힘이라고만 생각했던 것은 아니다. 오히려 그들은 포르투나 여신을 그녀의 관심을 끌기 위해 노력할 만한 가치가 있는 잠재적인 동맹으로 보았다. 여신의 관심을 갈구하는 이유는 물론 그녀가 모든 인간이 열망하게 마련인 운의 재화를 분배하기 때문이다. 이 재화는 다양한 방식으로 묘사되는데, 예를 들어 세네카는 명예와 부를 강조했고 살루스티우스는 영광과 권력을 꼽았다. 그러나 운의 모든 선물 가운데 최고는 명예 그리고 명예에 뒤따르는 영광이라는 점에 대해서는 일반적인 합의가 이루어져 있었다. 키케로가 『의무에 대하여』에서 반복적으로 강조했던 것처럼 인간에게 있어 최상의 선은 "개인의 명예와 영광을 증대시키는 것", 획득할 수 있는 가장 "참된 영광"의 쟁취였다(2.9.31; 2.12.42).

그렇다면 우리는 어떻게 운의 여신을 설득하여 그녀가 다른 사람들이 아닌 바로 우리에게 풍요의 뿔(일반적으로 로마 신화에서 운의 여신 포르투나는 머리에는 왕관을 쓰고 한 손에는 풍요의 뿔을, 다른 한 손에는 운명의 키를 든 모습으로 묘사된다―옮긴이)에서 나온 선물을 쏟아내게 할 수 있을까? 답은 이렇다. 비록 그녀는 신이지만 여성이기도 하다. 그렇기 때문에 그녀는 비르(vir), 즉 진정한 남자다움을 가진 남성에게 끌린다는 것이다. 따라서 남자다운 용기는 그녀가 특별히 보상을 내리기 좋아하는 자질 가운데 하나로 꼽는다. 예를 들어 리비우스는 "운명은 용감한 자의 편"이라는 속담을 여러 차례 인용한다. 그러나 운의 여신이 가장 경애하는 자질은 비르를 어원으로 하는 비르투(virtù)이다. 이런 이유로 비르투는 탁월한 행동과 가장 밀접하게 연관된 자질이다. 이러한 주장의 함의는 리비우스의 『로마사』에서 광범위하게 검토되는데, 여기에서 로마인들이 거둔 성공은 거의 언제나 운은 비르투를 따르고 심지어 시중을 들기 좋아하며 일반적으로 비르투를 드러내는 이에게 미소 짓는다는 관점에서 설명되고 있다.

그런데 그리스도교의 승리와 함께 운에 대한 고대의 관점이 완전히 뒤집어졌다. 보에티우스(Boethius)의 『철학의 위안 The Consolation of Philosophy』에서 설득력 있게 제시되고 있는 그리스도교적인 관점은 인간의 자질이 운에 영향을 미칠 수 있다는 핵심적인 가정의 부인에 바탕을 두고 있다. 여기에서 운의 여신은 "눈먼 힘"으로, 즉 자신의 선물을 무차별적으로 나눠주는 것으로 묘사된다. 그녀는 더이상 잠재적인 친구가 아니라 단순히 무자비한 힘으로 간주된다. 그녀의 상징은 더이상 풍요의 뿔이 아니라 "조수의 밀물과 썰물처럼" 냉혹하게 돌아가는 변화의 수레바퀴이다(177~179).

운의 여신이 갖는 본성에 대한 이러한 견해는 새로운 의미의 중요성을 수반한다. 여신이 보상을 내리는 데 있어 인간의 장점에 대단히 부주의하고 무관심하다는 사실은 우리로 하여금 운의 재화가 전혀 추구할 만한 가치가 없는 것이며, 보에티우스가 말한 것처럼 세속적인 명예와 욕망은 "실로 완전히

065

무의미한 것"이라는 점을 상기하게 만든다(221). 그 결과 운의 여신은 우리의 발걸음을 영광의 길로부터 멀어지게 만들고, 지상의 감옥을 넘어 천상의 안식처를 구하도록 우리를 고무시킨다. 그러나 이것은 운의 여신이 그녀의 변덕스러운 전횡(專橫)에도 불구하고 신의 섭리를 대리하고 있다는 것을 의미하는데, 왜냐하면 우리에게 "행복이란 지상의 유한한 삶 속에 나타나는 우연들로 이루어져 있지 않다는 것"을 보여줌으로써, "모든 세속적인 일을 경멸하고 속세에서 해방되어 천상의 환희 속에서 크게 기뻐하도록" 하는 것 역시 섭리의 일부이기 때문이다(197, 221). 이러한 이유로 보에티우스는 신이 세상의 재화에 대한 통제를 운의 여신의 무책임한 손에 맡겼다는 결론을 내린다. 그의 목적은 우리에게 "자족(自足)은 부를 통해 얻을 수 없고, 권력은 왕위를 통해 얻을 수 없으며, 존경은 지위를 통해 얻을 수 없고, 명성은 영광을 통해 얻을 수 없다는 것"을 가르치는 것이었다(263).

이렇게 운을 신의 섭리와 조화시킨 보에티우스는 이탈리아문학에 깊은 영향을 미쳤다. 단테는 『신곡』의 「지옥The Inferno」편 7곡에서 운에 대해 논한다. 단테는 제4옥에서 낭비하는 자 그리고 탐욕스러운 자의 영혼과 마주치게 되는데, 단테를 안내하던 베르길리우스는 신이 운의 여신으로 하여금 그녀의 수레바퀴를 돌리게 하여 우리의 이해력을 초월하는 방법으로 헛된 영화를 선물하기도 하고 앗아가기도 하며 세속적인 삶을 통제하게 만들었다고 설명한다. 그러나 르네상스 시기 고대의 세계관이 부활하고 그와 동시에 운과 숙명을 구분할 필요가 있다는 이전의 관점으로 회귀하면서 이번에는 보에티우스의 시각이 도전을 받게 되었다. "탁월성과 존엄성"이라는 인간 고유의 본성에 대한 관점의 변화가 이러한 양상을 초래한 원인이었다. 전통적으로 이러한 관점은 인간이 불멸하는 영혼의 소유자라는 사실로부터 기인한다. 그러나 페트라르카와 그의 추종자들이 남긴 저술에서 우리는 인간 의지의 자유를 강조하는 경향이 점점 커지고 있다는 사실을 발견하게 된다. 그런데 운이 거스를 수 없는 힘이라는 관념은 인간의 자유를 위협하는 것으로 간주되었고, 그리하여 우리는 운의 여신이 단순히 신의 섭리를 대리하고 있다는 모든 주장들을 반박하려는 경향도 발견할 수 있다. 이와 관련하여 주목할 만한 사례는 점성술이 과학이라는 주장에 대한 피코 델라 미란돌라(Pico della Mirandola)의 반박이다. 그는 우리가 태어나는 순간, 별의 위치에 따라 피할 수 없는 운이 결정된다는 그릇된 가정을 구체화시키고 있다는 점에서 점성술을 신랄하게 비난하였다. 그로부터 얼마 후, 이에 비해 더 낙관적인 견해가 광범위한 호소력을 얻게 되는데, 셰익스피어가 카시우스의 힘을 빌려 브루투스에게 말한 것처럼, 만일 우리가 위대함을 달성하기 위한 노력에 실패한다면 잘못은 우리의 별들이 아니라 우리 자신에게 있다는 것이다.

15세기 이탈리아의 인문주의자들은 인간의 자유에 대한 새로운 태도의 등장에 입각하여 인간사에서 운이 수행하는 역할에 대한 고전적인 이미지를 재구성하기 시작했다. 이러한 이미지는 레온 바티스타 알베르티(Leon Battista Alberti)의 『가족에 대하여On the Family』와 조반니 폰타노(Giovanni Fontano)의 『운에 대하여On Fortune』 그리고 아이네아스 실비우스 피콜리미니(Aeneas Sylvius Piccolomini)가 1444년에 쓴 주목할 만한 소책자 『운의 꿈A Dream of Fortune』에서 발견된다. 피콜로미니는 운의 왕국으로 안내받는 꿈을 꾸게 되는데 이곳에서 그는 운의 여신과 마주치게 된다. 그리고 운의 여신은 피콜로미니의 질문에 대답하기로 동의한다. 피콜로미니가 "당신은 얼마나 오랫동안 인간에게 친절을 베푸십니까?"라고 물었을 때 여신은 "어느 누구에게도 그렇게 오랫동안 베풀지는 않는다"고 대답하며 그녀가 제멋대로 자신의 힘을 행사한다는 사실을 인정한다. 그렇다고 해서 그녀가 인간의 장점에 세심한 주의를 기울이지 않는 것은 아니다. 그리고 "여신의 호의를 얻을 수 있는 기술이 존재한다"는 사실을 부정하지도 않는다. 여신이 특별히 좋아하거나 싫어하는 자질이 무엇이냐는 질문을 던지자 그녀는 "용기가 없는 자를 어느 누구보다도 싫어한다"

고 선언하면서, 운이 용감한 자에게 호의적이라는 사실을 암시적으로 내비친다(616).

『군주론』 25장에서 마키아벨리는 "운이 인간사에서 얼마나 많은 것을 할 수 있는지"에 대해 묻는다. 그리고 그의 대답은 앞에서 말한 인문주의적 태도의 전형을 보여준다. 그러나 동시에 인문주의자들에 비해 한층 더 강한 어조로 운이란 신의 섭리에 반하는 것으로 우리의 삶을 이끌어가는 데 결정적인 역할을 한다고 주장한다. 그는 인간은 "운과 신에 의해 지배된다"는 신념과 더불어 이 신념이 갖는 함의, 즉 우리는 세계의 변화 가능성에 대항할 "방도가 전혀 없다"는 사실을 언급하면서 25장의 논의를 시작한다(82). 그러나 곧바로 보에티우스의 가정과는 대조적으로 인간의 자유에 대한 고전적인 분석을 제시한다. 물론 마키아벨리는 우리의 자유가 완전함과는 거리가 멀다는 사실을 인정하는데, 운은 대단히 강력한데다가 "우리 행동의 절반을 결정짓기" 때문이다. 그러나 그는 우리의 숙명이 전적으로 운의 손아귀 안에 있다고 가정하는 것은 "인간의 자유를 없애버리는 것"이라고 주장한다(82). 그리고 "신은 우리의 자유와 우리에게 속한 영광을 빼앗지 않기 위해 모든 일을 도맡아하려 하지 않는다"는 견해를 고수하며, 우리 행동의 절반 정도는 운의 지배를 받기보다는 순수하게 우리의 통제 아래에 있다는 결론을 내린다(86).

이러한 판단은 마키아벨리를 애초에 로마의 도덕가들이 제기했던 핵심적인 질문으로 되돌려놓았다. 우리는 어떻게 해야 운과의 동맹을 기대할 수 있는가? 우리는 어떻게 운의 여신이 우리를 향해 미소 짓게 할 수 있는가? 마키아벨리의 대답은 도덕가들이 이미 내놓은 답변들을 정확하게 되풀이하고 있다. 그는 운의 여신이 용감한 자, "덜 신중하고 더 공격적인" 자의 친구라는 점을 강조한다. 그리고 그녀가 주로 비르(vir), 즉 진정한 남자다움을 가진 남성의 비르투에 반응한다는 생각을 발전시켜나간다(85). 먼저 마키아벨리는 운의 부정적인 측면에 대해 언급하는데, 그것은 그녀가 비르투를 결여한 사람에 대한 분노와 증오로 대단히 쉽게 내몰린다는 사실이다. 용기와 신중함이라는 자질이 그녀의 돌격에 대항하는 제방의 역할을 함에 따라, 그녀의 분노는 언제나 "제방이나 수로가 만들어져 있지 않은" 곳으로 향한다(83). 마키아벨리는 운의 여신은 여성이기 때문에 항상 "그녀를 더 대담하게 장악하는" "젊은 남성에게 끌리게 된다"는 말을 덧붙인다(85). 마키아벨리는 이처럼 선정적인 비유로부터 만일 운을 얻고 싶다면 언제나 "신중하기보다는 격정적"이어야 하고, 거리낌이나 지체 없이 기회를 잡는 편이 더 낫다는 교훈을 이끌어낸다(85).

운이 폭력적으로 다루어질 때 도착적인 쾌락을 얻는다는 견해는 때때로 마키아벨리의 특유의 공격성을 반영하는 것으로 생각되어왔다. 그러나 이는 사실 이미 고대에 형성되어 있던 친숙한 이미지를 차용한 것이다. 세네카는 운에 흉포하게 맞서야 할 필요가 있다고 이야기한 바 있으며, 피콜로미니는 『운의 꿈』에서 이러한 견해에 내포되어 있는 에로틱한 함의까지 탐구했다. 피콜로미니가 운의 여신에게 "다른 누구보다도 더 당신을 사로잡을 수 있는 사람은 누구입니까?"라고 물었을 때, 그녀는 자신이 주로 "제일 큰 기백으로 나의 힘을 제압하는" 남성이라고 고백한다. 그리고 마침내 "살아 있는 자들 가운데 당신이 가장 기꺼이 받아들일 수 있는 자는 누구입니까?"라는 질문을 던지자, 그녀는 "나에게서 달아난 사람"을 경멸하며 "나로 하여금 도망치게 만드는 사람"에게 가장 끌린다고 대답했다(616).

만일 인간이 운을 제압할 수 있고 그렇게 해서 최상의 목표를 성취할 수 있다면 그다음에 제기되어야 할 질문은 새로운 군주가 스스로 설정해야 할 목표란 과연 무엇이냐는 것이다. 마키아벨리는 『군주론』 전체를 통틀어 계속 반복되는 구절을 통해 이와 관련된 최소한의 조건을 제시하며 논의를 시작한다. 그에 따르면 군주의 기본적인 목적은 국가를 유지하는 것(mantenere lo stato)이 되어야 한다. 마키아벨리에게 있어 국가를 유지한다는 것은 새로운 통치자가 국가의 제도를 유지하는 동시에 자신의 신분과 지위를 보전하는 것을 의미한다. 그

071

러나 생존과 보전 이외에도 추구해야 할 더 큰 목표들이 존재한다. 이 목표들을 나열하는 과정에서 마키아벨리는 다시 한번 자신이 로마 도덕가들의 진정한 계승자라는 사실을 드러낸다. 그는 모든 사람은 다른 무엇보다 운의 재화를 획득하기를 원한다는 가정을 제시한다. 따라서 그는 (예를 들어, 『군주의 통치The Government of Princes』에서 토마스 아퀴나스가 강조했던 것처럼) 좋은 통치자는 천국의 보상을 확실하게 얻기 위해 세속적인 영광과 부의 유혹을 물리쳐야 한다는 그리스도교의 가르침을 완전히 무시한다. 오히려 그는 "영광과 부"는 인간이 쟁취해야 하는 최고의 보상이며 운명이 줄 수 있는 최상의 선물이라고 말한다(83).

그러나 마키아벨리는 로마의 도덕가들과 마찬가지로 부의 획득에 대해서는 추구해야 할 가장 낮은 수준의 목표로 제쳐두고, 비르투를 갖춘 군주라면 누구든 추구해야 할 가장 고상한 목표란 "그에게 명예를 가져올" 뿐만 아니라 그가 통치하는 인민에게 이익과 만족을 줄 수 있는 통치 형태를 도입하는 일이라고 주장한다(85). 새로운 통치자는 "이중의 영광"을 얻게 될 가능성도 있다. 그들은 새로운 군주국을 창건할 뿐만 아니라 그것을 "좋은 법률, 강한 군대, 신뢰할 수 있는 동맹과 모범적 행동"을 통해 강화할 수 있는 기회도 갖게 된다(81). 세속적인 명예와 영광을 성취하는 일은 리비우스나 키케로에게 그랬던 것과 다르지 않게 마키아벨리에게도 최상의 목표였다. 마키아벨리는 『군주론』의 마지막 장에서 이탈리아의 상황이 새로운 통치자가 성공을 거두기에 좋은지 그렇지 않은지를 스스로에게 묻는다. 그리고 이 물음을 비르투를 가진 사람이 이탈리아를 "그에게 명예를 가져올 수 있는 상황으로 만들기"를 바랄 수 있는지 그렇지 않은지에 대한 물음으로 대체한다(85). 또한 마키아벨리는—동시대의 다른 어떤 정치가들보다 더 존경했던—스페인의 페르디난드에 대한 찬사를 늘어놓은 이유에 대해서도 페르디난드가 자신을 "그리스도교 왕국에서 가장 유명하고 영광스러운 왕"으로 만든 "위대한 업적"을 쌓았기 때문이라고 밝힌다(74).

마키아벨리가 생각하기에 이러한 목표는 적어도 군주가 "현재 군주 가문의 통치에 익숙한" 영지를 물려받은 경우라면 특별히 달성하기 어려운 것이 아니었다(6). 그러나 새로운 군주가 이러한 목표를 달성하는 것은 특히 그가 운으로 지위를 얻은 경우라면 대단히 어려운 일이다. 이러한 체제는 "충분히 뿌리를 내릴 수 없으며", 운명이 보낸 최초의 궂은 날씨에 의해 멀리 날아가버리기 쉬운 것이다(23). 게다가 이러한 체제는 운명의 자비가 지속되리라고 기대할 수 없으며—더 단호하게 말하자면—결코 기대해서도 안 된다. 이는 인간사에서 가장 신뢰할 수 없는 힘에 의존하는 것이기 때문이다. 그러므로 목표는 만일 새로운 통치자가 신중하게 따를 경우 체제가 "잘 자리를 잡은 것처럼 보이게" 할 수 있는 행동지침이 무엇인지 발견하는 일이 될 것이다(80). 마키아벨리가 『군주론』의 나머지 부분에서 주로 관심을 기울이는 일은 바로 이러한 문제에 대한 해답을 제시하는 것이다.

마키아벨리의 도전

『군주론』12장과 14장에서 마키아벨리는 먼저 새로운 군주가 취해야 할 적절한 군사적 행동에 대한 조언을 제시한다. 그는 "모든 국가의 주된 토대"가 "좋은 법률과 좋은 군대"라고 주장하며 논의를 시작하는데, 그에 따르면 좋은 군대가 좋은 법률보다 훨씬 더 중요하다. "좋은 군대가 없는 곳에 좋은 법률이 있을 수 없는" 반면 "좋은 군대가 있는 곳이라면 좋은 법이 있게 마련"이기 때문이다(42). 그가 특유의 과장된 어조로 선언하고 있는 교훈은 현명한 군주란 "전쟁과 전쟁의 기술 그리고 훈련" 이외에 "다른 어떤 목적에도 관심도 갖지 말아야 한다는 것"이었다(50).

계속해서 마키아벨리는 군대를 고용된 용병과 시민군이라는 두 가지 유형으로 분류한다. 당시 이탈리아에서는 거의 보편적으로 용병을 쓰고 있었지만, 『군주론』12장에서 마키아벨리는 이에 대한 신랄한 공격을 퍼붓는다. "여러 해 동안" 이탈리아인들은 "용병대에 의존하고 있었다". 그 결과 이탈리아 반도 전체가 "샤를의 침공을 받았고, 루이에게 약탈당했으며, 페르디난드에게 유린당했고, 스위스인들에게 수모를 당했던 것이다"(45~46). 모든 용병은 "쓸모없고 위험하기" 때문에 더 나은 결과를 기대할 수도 없었다. 그들은 "분열되어 있고 야심만만하며 규율이 없고 신의가 없으므로" 그들이 군주를 파멸로 이끌게 되는 시점은 "그들이 싸워야 하는 시간이 올 때까지 지연되고 있을 따름"이다(42). 마키아벨리가 보기에 이로부터 이끌어낼 수 있는 교훈은 명백했다. 이는 『군주론』 13장에 제시되어 있는데, 현명한 군주는 언제나 "이러한 군대를 활용하는 대신 자신의 군대를 양성해야 한다"는 것이다. 이에 대한 믿음이 대단히 컸던 마키아벨리는 심지어 "외국의 군대로 정복하는 것보다 자신의 군대로 패배하는 편이 낫다"는 다소 불합리한 주장까지 덧붙였다(48).

이와 같은 마키아벨리의 열정적인 어조에 대해서는 약간의 설명이 필요한데, 특히 대부분의 역사가들이 용병 제도를 대단히 효과적인 제도로 결론짓고 있다는 사실에 비추어볼 때 더욱 그렇다. 한 가지 가능한 해석은 이 문제와 관련하여 마키아벨리가 단순히 고대와 당대 저술가들의 전통을 따르고 있다는 것이다. 진정한 시민의 신분에는 군대에 복무하는 것이 포함된다는 주장은 아리스토텔레스뿐만 아니라 리비우스와 폴리비오스에 의해서 강조되었던 바 있다. 그리고 이러한 주장은 레오나르도 브루니(Leonardo Bruni)에 의해 부활한 이래로 여러 세대에 걸쳐 피렌체 인문주의자들에게 계승되어왔다. 물론 이들이 마키아벨리가 가장 애호하는 저자들이었던 것은 사실이지만 그렇다고 하더라도 이들의 주장을 무비판적으로 따르는 것은 대단히 이례적인 일이었다. 그보다는 마키아벨리가 그의 고향 피렌체가 겪게 된 불운, 즉 피사(Pisa)와 오랜 전쟁의 와중에 용병대장들로 인해 수모를 겪었던 일을 염두에 두고 용병 제도 전반에 대해 신랄하게 비판을 가했다고 보는 것이 더 설득력 있는 해석일 것이다. 앞서 살펴본 것처럼 1500년 피렌체의 군사원정은 완전한 실패로 끝났을 뿐만 아니라 1505년 다시 공격을 시작했을 때에도 마찬가지로 낭패를 보았다. 10개 용병대의 대장들은 공격이 개시된 직후 반란을 일으켰고 피렌체는 일주일 만에 공격을 포기해야 했다.

앞서 언급했던 것처럼 마키아벨리는 1500년의 공격이 실패로 끝났을 때 피렌체인들의 군사적 무능함 때문에, 특히 피사를 굴복시키지 못한 것 때문에 프랑스인들이 그들을 우습게 본다는 사실을 알고 충격을 받았다. 그리고 1505년에 재개된 공격이 실패한 이후 마키아벨리가 직접 나서서 피렌체에서 고용한 용병대를 시민군으로 대체하기 위한 상세한 계획

을 수립했다. 대평의회는 1505년 12월 마키아벨리의 계획을
잠정적으로 받아들였다. 그리고 그에게 모병을 시작할 수 있
는 권한을 부여했다. 이듬해 2월 마키아벨리는 피렌체 안에서
최초의 열병식을 거행할 준비를 마쳤다. 이 열병식을 보고 깊
은 감명을 받은 일기작가 란두치는 "이〔열병식〕는 피렌체를 위
해 준비된 일들 가운데 가장 멋진 일로 생각된다"고 기록했다
(218). 1506년 여름 마키아벨리는 『보병을 위한 계획A Provision
for Infantry』을 집필했는데, 여기에서 "외국의 군대나 고용된 용
병에게 걸 수 있는 희망이 얼마나 작은지"를 강조하였으며 그
대신 피렌체가 "자신의 무기와 자신의 시민들로 무장"해야 한
다고 주장했다(3). 그해 말 대평의회는 마침내 이 계획에 대한
확신을 갖게 되었다. 새로 구성된 통치 위원회, 즉 9인의 시민
군위원회(Nine of the Militia)가 성립되었고 마키아벨리는 이
위원회의 비서관으로 선출되었다. 피렌체의 인문주의의 가장
소중한 이상 가운데 하나가 실현된 것이다.

혹자는 1512년 프라토(Prato)를 방어하기 위해 파견된 피
렌체의 시민군이 스페인의 보병대의 진격에 의해 손쉽게 패
퇴한 불명예스러운 사건으로 인해 시민군에 대한 마키아벨리
의 열정이 식었다고 생각할지도 모른다. 그러나 그의 열정은
전혀 수그러들지 않았다. 우리는 그로부터 1년 후 『군주론』의
말미에서 마키아벨리가 메디치가에게 "무엇보다 먼저" 피렌

체를 시민군으로 무장해야 한다는 확신에 찬 조언을 보낸 사실을 발견하게 된다(87). 1521년 마키아벨리는—그의 생전에 출판된 국가통치술과 관련된 그의 저작 가운데 유일하게 생전에 출판된—『전쟁의 기술Art of War』을 출판했는데, 여기에서도 같은 주장을 반복한다. 이 저작의 1권 전체는 "시민군 편제"의 유용함을 의심하는 자들에 맞서 그 정당성을 입증하는 내용으로 채워져 있다(580). 물론 마키아벨리는 시민군이 무적은 아니라는 사실을 인정하면서도 여전히 다른 형태의 군대보다 그들이 우수하다고 생각했다(585). 그는 현명한 사람이 시민군 편제를 비난하는 것은 모순에 불과하다고 결론을 내린다(583).

이제 우리는 마키아벨리가 왜 체사레 보르자의 군 지휘관으로서의 모습에 그토록 깊은 인상을 받았는지 그리고 왜 『군주론』에서 새로운 통치자에게 공작의 행동보다 더 나은 지침은 없다고 선언했는지 이해할 수 있다(23). 앞서 언급했던 것처럼 마키아벨리는 공작이 자신에게 군대를 지원한 영주들을 제거하고 그들의 군대를 자신의 군대로 대체하는 무자비한 결정을 내리는 현장에 있었다. 이 대담한 전략이 마키아벨리의 사상 형성에 결정적인 영향을 미쳤던 것으로 보인다. 그는 『군주론』 13장에서 군사 정책의 문제를 제기했는데, 곧바로 보르자의 사례를 떠올리고는 그것을 새로운 통치자가 채택해야 할 조치의 모범적인 사례로 다룬다. 마키아벨리는 용병대장들이 위협이 될 만큼 충성스럽지 않으므로 무자비하게 제거되어야 한다는 점을 주저 없이 인정했다는 이유로 보르자를 칭찬했다. 또한 새로운 군주가 국가를 유지하고자 한다면 반드시 배워야 할 기본적인 교훈을 간파했다는 점에서도 다소 지나치게 느껴질 정도의 찬사를 보르자에게 보냈다. 그 교훈이란 새로운 군주라면 운과 외국의 군대에 의존하는 일을 중단해야 한다는 것, 그리고 자신이 양성한 군대의 "완전한 지배자"가 되어야 한다는 것이었다(24~26, 48).

군대와 사람, 이 둘은 『군주론』에서 마키아벨리가 다루고 있는 가장 중요한 주제이다. 따라서 견실한 군대를 갖는 것 이외에 마키아벨리가 당대의 통치자들에게 주지시키고 싶었던 또다른 교훈은 어떠한 통치자든 영광을 얻고자 한다면 군주로서 통치하는 데 적합한 자질을 함양해야 한다는 것이었다. 이러한 자질이 무엇인지는 이미 고대 로마의 도덕가들과 역사가들에 의해 분석된 바 있다. 그들은 먼저 모든 위대한 통치자는 어느 정도 운이 좋아야 한다는 점을 인정했다. 만약 운명의 여신이 미소를 보내지 않는다면, 그녀의 도움을 받지 못한 인간은 아무리 많은 노력을 기울여도 최상의 목표를 달성하리라는 희망을 갖기 어렵다. 그러나 앞서 살펴본 것처럼 고대 로마의 도덕가들과 역사가들은 남성적인 기질이 운명의 여신으로 하여금 호의적인 시선을 보내게 만들며, 이러한 방법이 명예와 영광을 보장받게 만드는 경향이 있다고 생각했다. 이러한 생각은 키케로의 『투스쿨룸의 대화Tusculan Disputations』에 잘 요약되어 있다. 비르투를 가진 남성은 영광을 얻는 데 실패하는 법이 없는데, 왜냐하면 영광이란 비르투에 대한 보상이기 때문이다(1.38.91).

르네상스 시기 이탈리아의 인문주의자들은 로마인들의 이러한 생각을 거의 아무런 변화 없이 수용하였다. 이 시기 군주를 위한 조언서라는 독특한 장르가 새로이 발전하여 인쇄술이라는 새로운 기술을 타고 예기치 않은 폭넓은 독자층을 확보하기 시작했다. 15세기 말 바르톨레메오 사키(Bartolomeo Sacchi), 조반니 폰타노, 프란체스코 파트리치(Francesco Patrizi)와 같은 선도적인 인문주의자들은 모두 통치자와 시민들을 지도하기 위한 논설을 집필했는데, 이들의 논설은 하나같이 비르투의 소유가 정치적 성공의 열쇠라는 가정을 기반으로 하고 있다. 폰타노가 『군주에 대하여The Prince』라는 제목의 글에서 요약했던 것처럼, 가장 고귀한 목표를 성취하고자 하는 통치자라면 어느 누구든 모든 공적인 행위에서 "비르투의 지시를 따르려는 열의를 가져야 한다". 비르투는 "세상에서 가장 훌륭한 것", 심지어 태양보다도 더 위대한 것인데, 왜냐하면 "맹인들은 태양을 볼 수 없는" 반면 "그들조차도 비르투는 가능한 한 명확하게 볼 수 있기"때문이다(1042~1044).

마키아벨리는 비르투, 운 그리고 정치적 성공의 관계에 대해 논하며 이와 유사한 주장을 전개했다. 마키아벨리는 먼저 『군주론』 6장에서 앞서 언급한 인문주의자들에 대한 명백한 지지를 표명했다. 여기에서 그는 "새로운 통치자가 있는 완전히 새로운 군주국의 경우 통치자가 군주국을 유지하는 데 겪게 될 어려움은" 기본적으로 "그가 가진 비르투가 어느 정도인지"에 따라 좌우된다는 주장을 펼친다(19). 이후 이 주장은 "왜 이탈리아의 통치자들은 그들의 국가를 잃게 되었는지"를 설명하는 24장에 다시 한번 등장한다. 마키아벨리에 따르면 통치자들은 자신의 불명예를 두고 운을 탓해서는 안 된다. 왜냐하면 운명의 여신은 비르투를 가진 남성이 그녀에게 저항할 준비가 되어 있지 않을 때에만 "자신의 힘을 보여주기"때문이다(82~83). 이탈리아의 통치자들이 실패한 것은 스스로 운에 맞설 수 있는 비르투, 그리고 특히 자신의 영토를 성공적으로 방어해내기 위해 필요한 군사적인 비르투를 결여했기 때문이다. 비르투의 역할은 이탈리아를 해방시키기 위한 간곡한 권고를 담은 『군주론』의 마지막 장, 즉 26장에서도 다시 한번 강조된다. 여기에서 마키아벨리는 6장에서 "탁월한 비르투"를 지닌 것으로 칭찬했던 모세, 키루스 그리고 테세우스에 대한 논의로 돌아간다(20, 85). 마키아벨리는 이들이 가진 초

월적인 능력과 엄청나게 좋은 운의 결합만이 이탈리아를 구원할 수 있다는 사실을 암시한다. 그리고 다행스럽게도 메디치가가 필요한 모든 자질을 갖추고 있다는 말을 평소와는 다른 비굴한 아첨의 어조로 덧붙인다. 메디치가는 엄청난 비르투를 소유하고 있다. 운은 그들에게 대단히 호의적이다. 그리고 그들은 "신과 교회의 가호를 받고 있다"(86).

몇몇 비평가들은 마키아벨리가 군주가 가져야 할 비르투에 대한 어떤 정의도 제시하지 않고 있으며 심지어는 이 단어를 일관적인 의미로 사용하고 있지도 않다고 비판한다. 그러나 지금 논의하는 내용처럼, 그는 분명 대단히 일관적으로 이 단어를 사용하였다. 그는 고대의 저자들 그리고 르네상스 인문주의자들의 권위를 따라서 비르투를 군주로 하여금 운의 일격을 견뎌낼 수 있게 하고 운의 여신이 군주에게 호의적인 관심을 갖게 함으로써 자신에게는 군주다운 명성과 승리의 영광을 조국에는 안전을, 인민에게는 만족을 주는 자질로 다루고 있다.

그러나 마키아벨리에게는 여전히 구체적으로 어떤 자질들이 이러한 결과를 낳게 되는지 그리고 비르투를 지닌 남성에게서 우리는 구체적으로 어떤 특징들을 발견할 수 있는지 밝혀야 하는 과제가 남아 있다. 로마의 도덕가들은 비르투의 개념을 복잡하게 분석해놓았다. 그들은 일반적으로 진정한 남성(vir)을 서로 별개이지만 연관성을 갖는 세 가지 자질의 소유자로 묘사했다. 먼저 진정한 남성은 키케로가 『의무에 대하여』 1권에서 플라톤의 예를 따라 지목했던 네 가지 핵심적인 덕목, 즉 지혜, 정의, 용기 그리고 절제를 갖추고 있어야 한다. 그러나 진정한 남성은 후세에 "군주다운" 것으로 간주되는 추가적인 자질들도 가지고 있어야 하는데, 키케로는 이러한 자질들 가운데 최고를 "정직"이라는 이름으로 불렀다. 이는 기꺼이 신뢰를 지키는 것 그리고 언제나 명예롭게 행동하는 것을 의미한다. 키케로는 『의무에 대하여』에서 "정직"을 가장 핵심적이고 중요한 덕목으로 다루었다. 그러나 이 덕목은 두 개의 다른 자질에 의해 보완되어야 한다. 키케로 역시 이에 대해 언급했던 바 있지만 그보다는 세네카가 더 광범위한 차원에서 다루었다. 그는 두 개의 자질 각각에 대하여 독립적인 저작을 집필했는데, 첫번째 자질은 『자비에 대하여 On Clemency』에서 다루었던 자비로움이고, 두번째 자질은 『자선에 대하여 On Benefits』의 핵심 주제 가운데 하나인 후함이다.

이에 더해 로마의 도덕가들은 진정한 남성이란 만일 그가 명예와 영광이라는 목표에 도달하기를 원한다면 언제나 도덕적으로 행동해야 한다는 것을 확실하게 인지하고 있는 사람이라고 주장했다. 『의무에 대하여』의 핵심은 바로 이러한 견해, 즉 도덕적인 것이 합리적인 것이라는 견해이다. 키케로는

『의무에 대하여』 2권에서 "도덕적으로 올바른 것은 유익하지 않고, 유익한 것은 도덕적으로 올바르지 않다"는 생각이 유행하고 있다는 사실에 대해 불평을 늘어놓는다. 그의 주장에 따르면 이러한 생각은 단지 환상에 불과한데, 우리는 오로지 도덕적인 방법으로만 열망하는 바를 성취할 수 있기 때문이다. 키케로에 따르면 이러한 주장에 반대한다면 그것은 완전한 기만이다. 유익함은 도덕적 올바름과 결코 모순되는 것이 아니기 때문이다(2.3.9~2.3.10).

르네상스 시기 군주를 위한 조언서를 집필했던 저자들은 비르투의 개념과 관련된 이러한 분석을 전적으로 수용했다. 그들은 무엇보다 군주로서 갖추어야 하는 가장 핵심적인 비르투의 목록을 완전한 형태로 보여줄 수 있어야 한다고 생각했다. 그들은 미묘한 차이에도 많은 주의를 기울이면서 이 목록을 상술하고 세분화했는데, 예를 들어 프란체스코 파트리치(Francesco Patrizi)는 『제왕교육론The Education of the King』이라는 논고에서 비르투라는 포괄적인 개념을 통치자가 갈고 닦아야 할 40개 이상의 도덕적 덕목으로 세분화하고 있다. 다음으로 그들은 군주가 따라야 할 합리적인 행위의 과정은 언제나 도덕적이어야 한다는 주장을 지지하는 데 망설임이 없었는데, 이 점을 너무 강하게 내세운 나머지 "정직이 최선의 정책"이라는 말이 마치 격언처럼 회자될 정도였다. 또한 그들은 특히 그리스도교적인 관점에서 이익의 추구와 도덕의 영역을 분리하려는 모든 시도에 반대했다. 그들은 비록 우리가 현세에서 부정을 저질러 이익을 얻는 데에 성공한다고 하더라도 이러한 이익은 내세에서 신의 형벌에 맞닥뜨렸을 때 사라질 것이라고 주장했다. 이에 대해 에라스무스(Erasmus)는 『그리스도교 군주의 교육Education of a Christian Prince』에서 더 구체적인 경고를 보냈는데, 그에 따르면 사후에 가장 준엄한 심판을 받게 되는 것은 바로 생전에 권력을 누렸던 사람들이다(18).

비르(vir), 즉 진정한 남자다움을 가진 남성의 특성으로 규정되는 비르투의 틀 안에 카테리나 스포르차와 같은 여성 군주를 어떻게 끼워 맞추어야 하는가는 결코 쉽게 해결될 수 없는 문제이다. 그러나 우리가 『외교문서집』 안에 등장하는 카테리나와의 만남에 대한 내용을 검토해본다면 이 문제에 대한 마키아벨리의 생각을 알 수 있게 해주는 몇 가지 단서를 얻을 수 있다. 그는 카테리나가 자금과 군대를 전적으로 자신의 의지에 따라 운용하는 모습에 주목하면서 그녀가 가진 용기와 독립성을 강조했다. 마키아벨리는 "더 많은 것들이 논의될수록 더 잘 이해될 수 있다"는 그녀의 고집스런 주장을 인용하면서(L. 47), (다소 초조한 어조로) 그녀가 협상가로서 보여준 결단력에 대해 기록했다. 무엇보다 마키아벨리는 군주의 명예에 대한 그녀의 열정적인 관심에 대해서 반복적으로 언급하고 있는데, 그에 따르면 카테리나는 명예를 "다른 무엇보다 더 가치 있게 생각한다"고 말한 적이 있다(L. 35). 간단히 말해 마키아벨리는 일반적으로 비르, 즉 남성의 특징으로 정의되는 비르투의 구성 요소들 가운데 상당수를 한 명의 여성이 소유하는 일이 가능하다는 것을 인정한 것처럼 보인다.

우리는 마키아벨리의 동시대인이 집필한 도덕론 저술에서 지금까지 살펴본 운과 비르투 그리고 명예에 대한 신념이 끊임없이 반복되고 있다는 사실을 발견할 수 있다. 그러나 만일 『군주론』으로 시선을 돌린다면 우리는 인문주의적인 도덕론이 갑작스럽고 난폭하게 뒤집히는 것을 보게 된다. 이러한 격변은 15장에서 시작된다. 여기에서 마키아벨리는 "나는 많은 사람들이 이에 대한 글을 써왔다는 것을 알고 있다"며, 군주의 통치에 대한 고대의 저자들과 인문주의자들의 문헌에 대해 직접적으로 언급한다(53). 그리고 나서 즉시 그는 이러한 문헌들이 전하는 내용이 현실에 맞지 않고 무익하다는 자신의 생각을 드러낸다. 이러한 문헌들은 실질적인 조언이 아닌 "이론 혹은 사변"으로 채워져 있다. 이와 달리 마키아벨리는 신민과 동맹을 다스리는 데 있어 통치자에게 "유용한 것에 대해 쓰려고" 했다. 이런 이유로 그는—세심한 계산에서 나온 절제된 표현으로—"내가 말하고자 하는 것은 다른 이들이 제시한 지침들과는 다르다"고 경고한다(53).

계속해서 마키아벨리는 비르투를 갖춘 군주의 모습이 어떠해야 하는가와 관련된 전통적인 관념에 대해 두 가지 차원의 의문을 제기하는데, 둘 모두 15장에 기술되어 있다. 먼저 그는 당대가 타락했기 때문에 비르투가 종종 잘못 이해되고 있다고 판단한다. 오늘날 좋은 자질들이라고 생각되는 것 가운데 몇몇은 악덕이며, 악덕이라고 생각되는 것 가운데 몇몇은 비르투다. 그는 16장의 주제인 후함이라는 군주의 덕과 관련하여 이러한 의문을 드러낸다. 통치자가 사람들 사이에서 후한 사람이라는 평판을 얻고자 한다면 그가 가진 모든 재산을 호사스러운 허식에 소비해야 한다. 그 결과 그는 후한 사람이라는 평판을 유지하기 위해 신민들에게 가혹한 세금을 부과하게 될 것이다. 이러한 방법으로 신민들을 착취하지 않는다면 군주는 처음에는 인색한 사람이라는 비난을 받게 되겠지만 시간이 지남에 따라 결국 더욱 후한 사람으로 생각될 것이다. 우리는 오늘날 후함으로 통하는 행위 가운데 상당수가 낭비 혹은 군주의 사치와 다르지 않다는 사실을 인정할 필요가 있다.

자비라는 군주의 덕에 초점을 맞추고 있는 17장에서도 이와 동일한 역설이 발견된다. 마키아벨리는 우선 1501년 피스토이아(Pistoia)에서 일어난 폭동에 피렌체인들이 어떻게 대응했는지를 살펴보면서 논의를 시작한다. 당시 마키아벨리는 전쟁위원회에 의해 피스토이아로 파견되어 폭동의 진상을 조사하는 임무를 수행했던 바 있다. 피렌체인들은 잔혹하다는 평판을 피하기 위해 폭동에 연루된 당파의 지도자들을 처벌하지 않았고, 그 결과 대학살이 일어났다. 이에 대해 마키아벨리는 만일 피렌체인들이 애초에 그들을 처벌하여 본보기로 삼는 편이 훨씬 더 자비로웠을 것이라고 주장한다. 오늘날 절제와 인내를 보여준 것으로 칭송받는 많은 정책들이 사실 지나친 자비, 즉 과도한 관용이라는 악덕을 보여준 것으로 비난받아 마땅하다는 것이 그가 이끌어낸 교훈이었다(59).

덕을 갖춘 군주의 전통적인 이미지에 대해 마키아벨리가 제기했던 또다른 의문은 훨씬 더 근본적인 차원의 것이다. 마키아벨리는 『군주론』 15장에서 통치자들이 사람들의 입에 오르내릴 때에는 특정한 성품들, 그 가운데 특히 후함, 자비로움, 신의, 정직함을 지니고 있다고 칭송받거나 혹은 지니고 있지 않아서 비난받는다는 사실에 주목했다(53~54). 그는 군주가 이 모든 성품들을 지니고 있고 또 행동으로 옮긴다면 "이는 매우 칭송할 만한 일"이라는 점을 인정하면서도(54), 그렇게 되는 것은 불가능하다고 덧붙인다. 어떠한 군주라도 회피할 수 없는 가장 기본적인 의무는 국가를 유지하고 보전하는 것이다. 그러나 "어떻게 사는가와 어떻게 살아야 하는가는 서로 거리가 먼 것이므로 행해져야 하는 것을 위해 행해지는 것을 포기하는 사람은 자신의 보전보다는 오히려 파멸을 배우게 될 것이다. 왜냐하면 선을 표방하는 사람은 선하지 않은 많은 사람들 사이에서 파멸하고 말 것이기 때문이다". 그러므로 "스스로를 보전하고자 하는" 통치자는 누구든 "선하지 않을 수 있는" 법을 배워야만 한다(53).

이러한 조언이 16장에서는 후함이라는 비르투와 연관된다. 키케로는 『의무에 대하여』에서 후함이 인간의 본성에 가장 걸맞은 비르투라고 분석한다(1.14.42). 마키아벨리는 비록 후함이 비르투에 속하지만 그럼에도 불구하고 군주에게 해로울 수 있다고 반박한다(54). 키케로는 조금이라도 인색하다거나 탐욕스럽다는 의혹을 받는 것은 언제나 피해야 한다고 주장했다(2.18.64). 이에 대해 마키아벨리는 현명한 군주는 인색한 사람이라는 평판을 얻는 것에 조금도 개의치 않아야 한다는 말로 응수했다. 군주는 "인색함이 군주로 하여금 통치할 수 있게 해주는 악행 가운데 하나"임을 인정하게 될 것이다(55). 키케로는 모든 이는 후하지 않은 자들을 증오한다고 경고했다(2.18.63). 마키아벨리는 군주로 하여금 증오를 사게 만들고 국가를 위험에 빠뜨리게 만드는 것은 후한 행동이라고 응수한다. 그리고 결국 후함만큼 "자신의 권력을 스스로 무너뜨리게 만드는" 비르투는 없다는 결론을 내린다(56).

17장에서 자비라는 비르투로 눈을 돌릴 때에도 마키아
벨리의 태도는 변하지 않는다. 세네카는 『자비에 대하여』에
서 잔혹함이란 폭군의 가장 뚜렷한 특징이며, 따라서 좋은
통치자가 다른 무엇보다도 피해야 할 결점이라고 주장했다
(1.26.1~1.26.5). 마키아벨리는 현명한 통치자는 신민들의 단
합과 신뢰를 유지하기 위해서라면 결코 잔혹하다는 악명에
개의치 않아야 한다고 답했다(56~57). 세네카는 처벌을 내리
는 것이 더 유익하더라도 좋은 통치자라면 가혹하게 보이지
않도록 처벌을 내리지 말아야 한다고 권고했다(1.13.4). 마키
아벨리는 어떠한 통치자든 만일 그가 자신의 국가를 유지하
고자 한다면 가혹하다는 평판을 얻지 않는 것은 불가능하다
는 견해를 고수했다. "특히 새로운 군주는 잔혹하다는 평판을
피할 수 없다"(57).

17장의 뒷부분에서 마키아벨리는 사랑을 받는 것과 두려
움 속에 사는 것 중 무엇이 군주에게 더 나은가라는 물음에서
파생되는 여러 논쟁들을 살펴본다. 여기에서 그는 다른 사람
들 위에 군림하는 권력을 획득하고 확립하는 방법에 대한 키
케로의 논의를 떠올린다. 『의무에 대하여』에 등장하는 논의
인데, 키케로에 따르면 두려움을 없애고 사랑을 굳건하게 만
드는 것은 영향력을 증대시키는 동시에 안전을 확보할 수 있
는 최선의 수단을 통치자에게 제공한다(2.7.23~2.7.24) 마키아

벨리는 이러한 견해를 단호하게 부정한다. "둘을 함께 섞어놓기는 어렵기 때문에 둘 중 하나가 결여되지 않을 수 없을 때에는 사랑받는 것보다 두려움 속에 사는 것이 훨씬 더 안전하다"(57). 계속해서 키케로는 만일 두려움에 의해 유지되는 권력이라면 오래 지속되기를 기대할 수 없다고 경고했다(2.7.25). 마키아벨리는 다음과 같이 반박한다. 인간은 대단히 이기적인 존재이기 때문에 사랑의 유대를 깨뜨리는 편이 자신에게 이익이 된다고 판단된다면 언제라도 그렇게 한다. 그러나 "처벌에 대한 공포로 유지되는 두려움은 결코 당신을 저버리지 않는다"(58).

마키아벨리는 18장에서 신의라는 비르투, 더 구체적으로 말하자면 약속을 지키는 일의 가치에 대해 고찰하는데, 이때에도 고대 저자들의 신념에 대한 깊은 우려를 표현한다. 『의무에 대하여』에서 키케로는 fides, 즉 약속을 지키는 일이 신의의 기초라는 사실을 마치 하나의 공리처럼 다루고 있는데, 이러한 생각을 fides conservanda, 즉 "약속은 언제나 지켜져야 한다"는 금언을 통해 요약하고 있다(1.7.23; 1.13.39). 마키아벨리는 Quomodo fides a principibus sit servanda, 즉 군주는 어떻게 신의를 지켜야 하는가라는 질문을 18장의 제목으로 제시하면서 키케로가 다루었던 문제를 다시 꺼내든다. 마키아벨리의 대답은 "분별 있는 군주라면 약속을 준수하는 일이 자신에게 불리해졌을 경우", 자신의 국가를 위험에 빠뜨리게 될 경우에는 "약속을 지킬 수도 없고 지켜서도 안 된다"는 것이었다. 그는 계속해서 덧붙이기를 "모든 사람들이 선하다면 이러한 조언은 선하지 않은 것이 될 것이다. 그러나 그들은 신뢰할 수 없으며 당신과의 약속을 지키지 않을 것이기 때문에 당신 역시 그들과의 약속을 지켜서는 안 된다"(60).

18장에서는 군주는 두 가지 본성을 사용할 줄 알아야 한다는 마키아벨리의 기본적인 원칙이 반복된다. 하나는 가능하다면 따라야 할 선한 본성, 다른 하나는 국가의 유지를 위해 필수불가결하다고 판단될 경우 활용해야 하는 악한 본성이다. 키케로는 이미 『의무에 대하여』에서 자신의 목적을 달성하는 데에는 두 가지 수단이 있다고 주장했던 바 있는데, 하나는 논쟁을 하는 것이고 다른 하나는 물리적인 힘을 행사하는 것이다. 그러나 그는 전자의 경우 인간이 사용하기에 적절한 수단이며 후자의 경우 오로지 짐승들에게 적합한 수단이라고 단언했다(1.11.34). 키케로는 이 둘을 뚜렷하게 구분하면서 짐승의 수단은 힘과 사기를 활용하는 것으로 인간의 본성과는 동떨어진 것이라고 덧붙였다. 그에 따르면 힘은 사자의 속성이며 협잡은 여우의 속성이다. 그리고 둘 모두 인간에게는 적합하지 않다(1.13.41).

마키아벨리는 키케로의 논의를 거의 문자 그대로 인용한

다. 그는 두 종류의 싸움이 있다는 주장으로 논의를 시작하는데, 하나는 법으로 하는 싸움, 다른 하나는 힘으로 하는 싸움이다. 마키아벨리는 전자는 인간에게 적합하며 후자는 짐승에게 적합하다는 말도 덧붙인다. 그러나 그는 "때때로 전자로는 충분하지 않기 때문에 후자에 의지할 필요가 있다"고 주장한다(60). 이는 곧 짐승의 방법을 사용하는 군주는 어떤 짐승을 택할지 알아야 할 필요가 있음을 의미한다. 마키아벨리는 "여우와 사자를 모두 택하는 방법"을 배움으로써 인간다운 품위라는 이상을 힘과 협잡의 기술로 보강하는 것이 최선이라고 조언한다(60). 국가를 보전하고자 하는 통치자는 누구라도 "두 본성을 모두 활용할 필요가 있으며" "어느 한쪽만으로는 오래 견딜 수 없다"는 사실을 깨달을 필요가 있다(60). 나아가 마키아벨리는 19장에서 그가 가장 좋아하는 역사적 인물 가운데 하나인 로마 황제 셉티무스 세베루스(Septimus Severus)의 행적에 대해 언급하면서 이와 같은 자신의 주장을 더욱 강조한다. 마키아벨리는 먼저 세베루스가 비르투를 갖춘 인물이라고 언급한 후 이러한 판단에 대해 세베루스가 지닌 뛰어난 자질이 "매우 사나운 사자와 매우 교활한 여우"의 특징이라는 설명을 덧붙인다. 그 결과 세베루스는 "모든 사람들에게 두려움의 대상이자 존경의 대상이 되었다"(67).

고대와 당대의 인문주의적 관점에 대한 마키아벨리의 비판은 단순하지만 대단히 충격적이다. 마키아벨리는 다음과 같은 결론을 내린다. 만일 통치자가 최상의 목표를 달성하고자 한다면 도덕적인 것이 언제나 합리적이지는 않다는 사실을 발견하게 될 것이다. 오히려 군주다운 비르투를 함양하려고 일관되게 시도한다 하더라도 실상 그것이 파멸을 초래하는 비합리적인 정책이라는 사실을 깨닫게 될 것이다. 그러나 이에 대한 그리스도교적 관점에서의 비판, 즉 정의롭지 못한 모든 행동은 결국 처벌을 받게 되기 때문에 이러한 입장을 취하는 것은 어리석거나 사악한 행동이라는 비판에는 어떻게 대처할 것인가? 이에 대해 마키아벨리는 아무런 대답도 내놓지 않는다. 마키아벨리의 침묵은 대단히 웅변적이며 실로 획기적이다. 그의 침묵은 처음에는 놀라움으로 가득한 정적을, 이후에는 결코 사라지지 않을 저주의 아우성을 불러일으켰다.

마키아벨리의 비르투

만일 비르투를 갖춘 군주가 언제나 비르투의 명령에 따라 행동할 수 없다면 그들은 무엇에 따라 행동해야 하는가? 이와 관련하여 마키아벨리는 두 개의 답을 내놓는데, 둘 모두 18장의 후반부에 제시된다. 첫째로 군주는 위장과 은폐의 대가가 될 필요가 있다. 새로운 군주는 "언제나 선하다고 생각되는 방법으로 행동할 수 없다." 그러나 그럼에도 불구하고 선하게 보이는 것, 특히 "유난히 자비롭고 신의가 있으며 정직하고 종교적인" 사람으로 보이는 것은 대단히 중요하다(61). 이와 같은 딜레마를 해결하기 위한 유일한 해법은 군주가 덕의 명령에 따라 행동하지 않을 때조차도 ─ 오히려 그럴 때일수록 더욱 ─ 덕을 갖춘 사람의 흉내를 낼 줄 아는 것이다. 군주는 다른 사람들을 교활하게 속이는 기술을 갖춘 "뛰어난 사기꾼이자 위선자"로 변하는 방법을 배워야 한다(60).

마키아벨리는 일찍이 속임수의 대가로부터 어떻게 자신의 의도를 감추고 은폐하는지에 대한 교훈을 얻었다. 앞서 살펴본 것처럼 그는 1503년 말 체사레 보르자와 율리우스 2세의 대립이 격화되었을 당시 로마에 체류중이었는데, 당시 그가 받았던 인상이 훗날 『군주론』에서 속임수에 대한 내용을 집필할 때까지도 마음에 깊이 남아 있었던 것이 분명하다. 그는 자신이 목격했던 사건을 군주의 이중성을 지속적으로 경계해야 한다는 주장의 근거로 제시한다. 마키아벨리의 회고에 따르면 율리우스 2세는 보르자에 대한 증오를 영리하게 감출 줄 알았고 그래서 공작으로 하여금 "새로 얻는 이득이 오랜 상처를 잊도록 만든다"고 믿는 최악의 오류를 범하게 만들었다(29). 당시 율리우스는 자신의 속임수가 갖는 힘을 결단력 있게 사용할 줄 알았다. 보르자의 지지를 등에 업고 선출된 율리우스는 갑작스럽게 자신의 진짜 의도를 드러내며 공작에게 등을 돌렸고 공작을 몰락하게 만들었다. 분명 이 시점에 보르자는 실수를 저질렀고 마키아벨리는 이 실수가 가혹한 비난을 받아 마땅한 일이라고 생각했다. 보르자는 남을 속일 줄 아는 재능이란 성공적인 군주라면 누구나 갖추고 있는 무기 가운데 하나라는 사실을 깨달았어야 했다.

그러나 마키아벨리가 익히 알고 있었던 것처럼, 『의무에 대하여』에서 키케로는 그와 같은 속임수는 오랜 기간 동안 지속될 수 없다고 단언했다. 키케로가 경고한 바에 따르면 세간의 이목을 끄는 사람들은 그들의 행동이나 성품이 지속적으로 관찰을 당하는 까닭에 말 한마디 행동거지 하나까지 비밀로 남지 않는다. 만일 이런 상황 속에서 그들이 위선 혹은 기만으로 영광을 얻을 수 있다고 생각한다면 그것은 잘못된 생각이다. 이러한 종류의 허위는 꽃이 지듯 순식간에 실패로 끝나고 말 것이다. 왜냐하면 허위로 만들어진 모든 것은 오래 견디는 힘이 없기 때문이다(2.12.43~2.12.44).

마키아벨리는 이러한 키케로의 진심어린 경고를 아주 간단히 묵살한다. 마키아벨리는 허위로 만들어진 모든 것이 곧 신뢰를 잃는다는 것은 그저 사실이 아니라고 응수한다. "사람들은 단순한데다가 현재 필요한 것들을 따르기 때문에, 속이고자 하는 사람은 언제나 스스로 속게 내버려둘 사람을 찾게 될 것이다"(60). 언제나 교황의 권위에 조소를 보내지 못해 안달이 나 있던 마키아벨리는 "사람들을 속이는 일에만 관심이 있었을" 뿐더러 "언제나 그렇게 할 수 있는 사람들을 찾아내서" "언제나 자신의 욕망대로 속임수를 성공시켰던" 알렉산데르 6세의 행동을 예로 들지 않을 수 없었다. 군주가 사람들의 시선으로부터 벗어날 수 없으며 그래서 공개적인 비판으로부터 자유로울 수 없다는 것 역시 사실이 아니다. 통치자의 행동을 평가하는 것에 대해 말하자면 가장 빈틈없는 관찰자들조차도 대개 겉모습만 보고 판단한다는 비난을 받게 마련이다. 군주는 대중들과 동떨어져 있으며 군주의 자리는 그가 맡은 역할의 존엄함에 의해 유지된다. "당신이 어떻게 보이는지는 모든 사람들이 알 수 있지만" "실제로 어떠한지 직접 경험할 수 있는 사람들은 소수에 불과하다. 그리고 그 소수의 사람들은 감히 대중들의 일반적인 시각에 맞서려 하지 않을 것이다"(61). 간단히 말해, 당신이 저지른 죄악이 간파당할 가능성은 거의 없다는 것이다.

마키아벨리가 내놓은 두번째 답은 우리를 논의의 핵심에 다가가게 만든다. 만일 통치자가 자신의 국가를 유지하고 더 큰 영광을 얻고자 한다면 그는 비르투를 구성하는 요건들에 이끌리기보다는 자신의 목적을 달성하기 위해 필요한 일들을 해야 한다. 말하자면 통치자는 필요를 비르투로 생각해야 한다. 통치자는 다음의 사실을 이해해야 한다. "군주는, 특히 새로운 군주는 언제나 선하다고 생각되는 방식으로 행동할 수는 없는데, 권력을 유지하기 위해서는 종종 신의에 반하여 무자비하게 혹은 비인도적으로 행동해야 하기 때문이다"(61). 그렇기 때문에 통치자는 "운의 방향과 상황의 변화가 그에게 지시하는 대로" 스스로 바뀔 수 있는 마음을 가져야 한다. 다시 말하면 어느 특정한 때에 필요한 일이라면 무엇이든 할 준비가 되어 있어야 한다. 비록 "그렇게 할 수 있을 때에는 선한 것으로부터 멀어지지 말아야 하지만" 자신의 목적을 달성하기 위해서, 특히 국가의 유지라는 목적을 위해서 "필요하다면 악을 행하는 방법을" 알아야만 한다(61).

앞서 살펴본 것처럼, 마키아벨리는 외교관 경력 초기에 이러한 수칙의 중요성을 처음으로 깨달았다. 마키아벨리가 자신의 가장 중요한 정치적 신념 중 하나를 기록으로 남겨야겠다고 생각한 것은 1503년 볼테라의 추기경 소데리니와 대화를 나눈 후로 2년이 지나 판돌포 페트루치(Pandolfo Petrucci)와의 협상에 참여했을 무렵이었다. 마키아벨리의 정치적 신념이란 바로 국가를 성공적으로 통치하기 위한 단서가 상황의 힘을 인정하는 것, 필요한 일이 무엇인지 받아들이는 것 그리고 자신의 행동을 시류(時流)와 조화시키는 것이라는 생각을 의미한다. 우리는 판돌포가 마키아벨리에게 성공적인 군주가 되기 위한 비결을 전해주었던 바로 이듬해에 마키아벨리가 그와 유사한 일련의 견해를 자신의 생각으로 제시하고 있다는 사실을 발견하게 된다. 1506년 9월 페루지아(Perugia)에 체류하며 정신없이 돌아가는 율리우스 2세의 군사원정을 지켜보는 동안 마키아벨리는 자신의 친구였던 조반 소데리니(Giovan Soderini)에게 한 통의 편지를 보내는데, 이 편지 안에는 민정(民政)이나 군무(軍務)가 성공 혹은 실패하는 이유에 대한 숙고의 흔적이 드러난다. 마키아벨리가 단언하기를 "본성"은 "모든 이에게 우리 각자를 통제할 수 있는" "특별한 재능과 영감을 부여한다". 이로부터 얻을 수 있는 교훈은 명백하다. 만일 누군가 "언제나 행운만을 누리고" 싶다면, 그는 "시류의 요구에 자신을 맞출 수 있을 만큼 현명해야 한다". 만일 모든 이가 "자신의 본성을 장악하고" "자신이 일을 진행하는 방식을 자신의 시류에 맞출 수 있는" 능력이 있다면 바로 "그 현명한 이가 운의 지배자가 될 수 있을 것이다"(Cap. 73).

그로부터 7년이 흘러 『군주론』을 집필하던 마키아벨리는 인간사에서 운의 역할에 대해 논하는 장(章)에서 그가 비난조로 『변덕Caprices』이라는 제목을 붙였던 이 편지의 내용을 사실상 그대로 옮겨 적었다. 그가 생각하기에 모든 이는 특정한 자신의 성향을 따르는 것을 선호한다. 누군가는 조심스럽게, 그리고 다른 누군가는 충동적으로 행동한다. 누군가는 단호하게 그리고 다른 누군가는 교활하게 일을 진행한다. 그러나 그러는 사이에 "시류와 상황은 변화하고" 그래서 "자신의 방식을 바꾸지 않는" 통치자는 결국 "완전한 실패를 맛보게 될 것이다". 그러나 만일 우리가 "우리의 성향을 시류와 상황에 맞추어 변화시키는 방법"을 조금이나마 터득한다면 운은 결코 우리를 저버리지 않을 것이다. "언제나 필요한 일을 하고 시류에 맞게 움직이는 사람"이 성공적인 군주가 될 것이다 (83~84).

이와 같이 인문주의와의 충실한 연결고리가 드러나는 구절들을 지나 19장 초반부에 이르게 되면 마키아벨리는 갑작스럽게 군주에 대한 자신의 나머지 조언들을 하나의 수칙으로 압축한다. 남은 수칙은 자신의 국가를 보전하고자 하는 통치자라면 누구든 "미움이나 경멸을 받게 만드는 일들을 피해야 한다"는 것이다(62). 미움을 초래할 위험이 있는 일에 대하여 마키아벨리는 적대적인 신민을 가진 군주들은 "모든 것, 모든 이를 두려워해야 한다"고 경고한다. 그들은 "통치자가 해야 할 가장 중요한 일 가운데 하나"가 "귀족들을 화나지 않게 하는 동시에 인민들의 요구를 충족시키고 그들을 만족하게 만드는 것"이라는 점을 깨달아야 한다(64). 미움을 사는 것은 국가를 잃게 만드는 가장 확실한 원인 가운데 하나이다.

이제 우리는 체사레 보르자가 로마냐에서 자신의 부관 리미로 데 오르코를 처형했던 놀라운 사건을 전쟁위원회에 보고하면서 마키아벨리가 왜 그토록 경탄스런 어조를 사용했는지 알 수 있다. 다시 『군주론』 7장의 이야기로 돌아가보면, 마키아벨리가 주목했던 것은 보르자가 자신의 부관이 저지른 포악한 행동에 대한 미움이 자기 자신을 향하기 시작했다는 것뿐만 아니라 국가를 보전하기 위해서 가장 우선적으로 피해야 할 것은 신민들의 미움이라는 것 또한 완벽하게 깨닫고 있었다는 사실이었다. 리미로의 희생은 보르자가 처한 어려움을 해결하기 위한 완벽한 해법이었다. 보르자는 리미로가 저지른 잔혹한 행위들에 자신이 개입되지 않았다고 호소할 수 있었다. 그렇게 함으로써 인민의 악감정을 떨쳐버리는 한편, 마키아벨리가 말한 것처럼 인민을 만족시키는 것을 넘어 그들에게 놀라움을 줄 수 있었다.

미움을 피하는 것과 관련된 마키아벨리의 수칙은 당시 피렌체 정치의 두 가지 핵심적인 문제를 다루는 일에도 적용된다. 19장에 등장하는 첫번째 문제는 음모의 위험성에 대한 것이다. 확실히 메디치가는 이를 두려워할 만한 이유가 있었다. 파치(Pazzi) 가문은 1478년 줄리아노 데 메디치(Giuliano de' Medici)를 암살하는 데 성공했다. 그리고 앞서 살펴본 것처럼 마키아벨리는 1513년의 음모에 연루되었다는 의혹을 사 체포된 바 있다. 그러나 마키아벨리가 확언했던 것처럼 위협은 쉽게 사라질 수 있다. 음모는 위험성이 크기 때문에 음모를 꾸미는 사람은 인민들이 그에 동조하는 경우에만 실행이 가능하다. 따라서 "통치자가 음모에 대처하는 가장 좋은 방법 가운데 하나는 인민들로부터 미움을 사지 않는 것이다"(63).

마키아벨리가 다루었던 피렌체 정치의 또다른 핵심적인 문제는 군주가 그들의 영토를 요새로 방어할 수 있는지에 대한 것이다. 마키아벨리는 20장에서 이 문제를 다루는데, 밀라노의 스포르차가는 요새를 쌓았고 피렌체인들도 피사를 지키기 위해 요새를 활용했지만, 우르비노 공작과 볼로냐의 벤티볼리오(Bentivoglio)가는 요새를 완전히 허물어버리는 편을 선호했다. 마키아벨리는 예의 딱딱한 어조로 이에 대한 자신의 판단을 서술한다. 만일 당신이 신민들의 미움이 두렵다면 당신은 요새를 건설해야 한다. 그러나 결국에는 요새도 인민의 불만으로부터 당신을 지켜주지 못한다. 그러므로 "통치자가 가질 수 있는 가장 좋은 요새는 인민의 미움을 사지 않는 것이다"(73).

그렇다면 이제 마키아벨리에게 남은 문제는 미움을 사는 것을 피하려면 어떻게 해야 하는가이다. 아리스토텔레스는 『정치학』에서 일반적으로 통치자는 신민의 소유물과 여성을 강탈함으로써 미움을 사게 된다고 단언한다(1311a~1311b). 이에 대해 로마의 도덕가들은 세네카가 『자비에 대하여』에서 다루었던 것처럼 잔인함이란 통치자의 적을 늘리고 결국 혐오하도록 만드는 또다른 악덕이라고 덧붙였다(1.24~1.25). 로마 도덕가들의 이러한 견해를 마키아벨리가 완전히 무시하고 있다는 사실은 인상적이지만, 미움을 사는 것을 피하려면 어떻게 해야 하는지에 대한 자신의 견해를 제시하며 아리스토텔레스가 말한 내용을 그대로 반복하고 있다는 사실은 더욱 그러하다. 『군주론』 17장에서 마키아벨리는 군주가 신민들의 호의를 유지하는 것은 어렵지 않다고 단언한다. "군주가 자신의 시민과 신민의 소유물 그리고 그들의 여자에게 손을 대는 일을 삼간다면 언제나 그러할 것이다"(58). 마키아벨리는 다소 도발적인 어조로 다음과 같이 덧붙인다. 그들의 소유물에 손을 대지 않는 것은 무엇보다 중요한데, "사람들은 아버지가 남긴 재산을 잃는 것보다 아버지의 죽음을 더 빨리 잊기 때문이다"(58). 19장에서 마키아벨리는 다음과 같은 확신을 반복한다. "대부분의 사람들은 소유물과 명예를 빼앗기지 않는다면 만족하며 살게 될 것"이고 따라서 군주에게는 "다양한 방법으로 쉽게 억제할 수 있는 소수의 야심"을 분쇄하는 일만 남게 된다(62).

마키아벨리는 마지막으로 경멸을 피하는 방법에 대해 다루는데, 역시 이번에도 암시적으로 고대 저자들의 견해에 자신의 판단을 덧붙이는 식으로 답을 내놓는다. 한편으로 그는 일반적으로 생각하는 것보다 훨씬 더 쉽게 경멸을 피할 수 있는 방법이 있다고 믿었다. 아리스토텔레스는 경멸이란 주로 방탕한 삶에 빠진 통치자들을 향하는 것이라고 생각했고, 그 결과 사적인, 특히 성적인 윤리에 있어 항상 절제된 태도를 견지해야 한다고 충고했다(1314b). 키케로와 그를 추종했던 인문주의자들은 이 문제와 관련하여 훨씬 더 금욕주의적인 견해를 내놓았다. 그들은 공적인 일에 종사하는 사람이라면 누구든 데코룸(decorum), 즉 해야 할 것과 하지 말아야 할 것을 가릴 줄 알아야 하고 절제된 삶을 사는 것이 필수적이라는 점을 강조했다. 그러나 마키아벨리는 이러한 주장이 설득력이 없다고 생각했다.『군주론』15장에서 마키아벨리는 군주를 비난받게 만드는 자질들이 무엇인지 나열하면서 그중 하나로 호색(好色)을 꼽았던 것은 사실이다. 그러나 그는 결코 그것이 군주의 통치를 위험에 빠뜨리게 만드는 요인 가운데 하나라고 생각하지는 않았다. 마키아벨리는 악덕이지만 국가를 빼앗아갈 정도는 아닌 성품들이 무엇인지 언급하며, 할 수 있다면 그러한 성품들을 피해야 하지만, "만일 그렇게 할 수 없다면 크게 신경 쓰지 말고 그대로 놔두어도 된다"고 말한다(54). 이런 식으로 마키아벨리는 데코룸과 자기절제라는 고대의 이상을 대수롭지 않게 묵살해버린다.

그러나 다른 한편으로 마키아벨리는 경멸을 피하는 것이

생각하는 것보다 더 어려운 일이라는 생각을 동시에 가지고 있었다. 그는 군주에 대한 조언서라는 장르에 단골로 등장하는 또하나의 핵심 문제, 즉 아첨꾼들을 대하는 방법에 대해 다루면서 이러한 생각을 내비친다. 이 문제와 관련하여 일반적으로 받아들여지는 하나의 대답은 군주란 자신이 언제나 있는 그대로의 사실만을 원한다고 분명하게 못을 박아야 한다는 것이다. 세네카가 『자비에 대하여』를 통해 건넨 조언처럼, 군주는 모두에게 호의적인 동시에 모두가 그에게 쉽게 다가갈 수 있는 상냥하고 친절한 사람이 되어야 한다(1.13.4). 그러나 마키아벨리는 『군주론』 23장에서 이러한 접근이 갖는 명백한 위험성을 지적한다. 만일 모든 사람이 자신들이 원하는 것을 언제나 군주에게 자유롭게 말할 수 있다면, 군주는 곧 존경받지 못하게 될 것이고 경멸의 대상이 되고 말 것이다.

그렇다면 경멸은 어떻게 피할 수 있을까? 마키아벨리는 친절하고 상냥한 군주의 이상을 비판하며 자신이 생각했던 답의 일부를 보여준다. 어떠한 군주도 완전한 논쟁의 자유 따위를 허용해서는 안 된다. 군주는 소수의 조언자들에게만 귀를 기울여야 하며, 그것도 그가 듣기를 원하는 주제에 대해서만 조언을 구해야 한다(79). 이러한 마키아벨리의 대답은 그가 읽은 조언서들에서 나왔다기보다는 특히 상반되는 막시밀리안 황제와 스페인 왕 페르디난드의 사례와 같은 당대의 통치자들에 대한 관찰로부터 나온 것으로 보인다.

1장에서 살펴보았던 것처럼 마키아벨리는 1507년에서 1508년 사이 독일에서 외교 임무를 수행하는 동안 막시밀리안 황제를 만나게 된다. 당시 그는 막시밀리안의 우유부단함과 무능함에 대한 보고서를 전쟁위원회에 올린 바 있다. 이러한 판단은 시간이 갈수록 증폭되어, 마침내 마키아벨리는 막시밀리안이 성공한 군주가 되지 못했던 까닭이 그가 지닌 약점들이 그를 경멸의 대상으로 만들었기 때문이라는 주장을 제기하기에 이르렀다. 마키아벨리는 『군주론』 19장에서 다음과 같이 말하는데, 군주를 경멸받도록 만드는 것은 "변덕이 심하고 경솔하고 유약하며 겁이 많고 우유부단하게" 보이는 것이다(62). 23장에서 주장한 것처럼 막시밀리안은 언제나 변덕이 심하고 우유부단했다. 그래서 어느 누구도 그가 무엇을 원하는지 혹은 무엇을 제안하려고 하는지 알 수 없었고 어느 누구도 그를 신뢰하지 않았다(79~80). 이와 반대로 19장에서 마키아벨리는 만일 어떤 통치자든 자신의 모든 행동이 "위대함과 용기와 진중함과 강인함"을 보여주도록 만들 수 있다면 경멸받지 않을 것이라고 주장한다(62). 그리고 21장에서 강조한 것처럼, 스페인의 페르디난드는 언제나 위대함과 강인함을 보여주었다. "그는 언제나 위대한 일들을 계획했고 성취했는데, 이는 언제나 신민들을 초조하면서도 경탄을 금할 수 없도록 만들었다"(75). 그의 행동들 가운데 일부는 잔인하고 기만적이었지만 모든 행동들이 "위대하며 어떤 것은 비상하기까지 했다"(74). 그 결과 취약한 군주였던 페르디난드는 "그리스도교 왕국에서 가장 유명하고 영광스런 왕", 즉 모두가 두려워하는 동시에 존경하는 진실로 비르투를 갖춘 군주가 되었다(74).

나아가 마키아벨리는 19장에서 미움과 경멸을 피하는 일이 얼마나 큰 중요성을 갖는지에 대해 강조한다. 여기에서 마키아벨리는 160년에서 240년 사이에 재위했던 로마 황제들에 대한 평가를 제시했다. 알렉산데르(Alexander)는 유약했기 때문에 경멸을 받았다. 그 결과 "군대가 음모를 꾸며 그를 살해해버렸다"(66). 안토니누스(Antoninus)는 "전례 없이 잔혹한 행동들을 저질렀다". 그래서 "모든 사람들로부터 크게 미움을 샀고" "자신의 군대 내의 백인대장에게 살해당했다"(67~68). 이들 가운데 최악은 페르티낙스(Pertinax)와 콤모두스(Commodus)였다. 그들은 미움과 경멸을 동시에 받았으며 그 결과 모두 살해당했다(66, 68). 마키아벨리는 이와 같이 경고의 메시지를 담은 사례들로 이야기를 마무리한다.

마키아벨리가 통치자에게 보내는 조언을 한마디로 요약한다면 다음과 같다. 마키아벨리는 군주다운 비르투를 소유하는 것이 사실상 무슨 의미인지를 새롭게 정의했다. 그러나 이를 마키아벨리의 개념이 전통적인 비르투의 개념과 완전히 분리되어 있다는 뜻으로 받아들여서는 곤란하다. 비록 비르투를 갖춘 군주라면 국가의 보전을 위해 필요할 경우 언제든 "선하지 않을" 준비가 되어 있어야 하겠지만, 그렇다고 하더라도 그는 결코 불필요한 혹은 무분별한 행동을 하지는 않을 것이다. 이와 같은 구분은 『군주론』 8장을 통해 명확하게 제시되고 있다. 여기에서 마키아벨리는 시라쿠사(Siracusa)의 왕 아가토클레스(Agatocles)의 행적에 대해 서술한다. 아가토클레스는 정신적으로나 육체적으로나 넘치는 기운의 소유자였던 까닭에 운의 도움 없이도 군대에 들어가 진급을 거듭했고 결국 도시를 장악하게 되었다. 그러고 나서 그는 아무런 저항 없이 도시를 성공적으로 통치하였다. 그러나 마키아벨리는 아가토클레스와 같은 방식으로 국가를 보전하는 것을 "비르투라고 부를 수는 없다"고 주장했다(30). 아가토클레스는 언제나 "소름끼치도록 잔인하고 비인간적"이었던데다가 "셀 수 없이 많은 사악한 행동들"을 저질렀기 때문이었다(30). 다른 말로 하자면 아가토클레스의 잔인함은 필요에서 나온 것이 아니었다. 그것은 단지 그의 사악한 본성으로부터 나온 무분별하고 억제되지 않은 행동이었을 뿐이다. 이것이 바로 여러 주목할 만한 자질들에도 불구하고 아가토클레스를 비르투를 갖춘 통치자로 간주할 수 없는 이유이다. 마키아벨리의 폭로성

짙은 결론처럼 아가토클레스의 방식은 권력을 가져다줄 수는 있겠지만 결코 영광을 가져다줄 수는 없는 것이었다(30).

그럼에도 불구하고 마키아벨리가 이해하고 있던 군주의 비르투가 근본적으로 당대의 지배적인 관념으로부터 동떨어져 있었던 것만은 분명하다. 고대의 저자들과 인문주의자들의 도덕관념에 따르면 통치자로 하여금 권력을 유지할 수 있게 해주고 그에게 영광을 가져다줄 수 있는 주된 자질은 후함, 자비로움, 경건함, 정의감이라는 비르투였다. 마키아벨리는 비르투라는 용어가 군주의 목적을 달성할 수 있게 만들어주는 자질을 의미한다는 것에는 이론을 제기하지 않았다. 그러나 그는 비르투를 갖춘 군주의 속성들과 전통적으로 비르투라고 생각되어 왔던 자질들 사이의 모든 연결고리를 끊어버렸다. 마키아벨리에게 있어 비르투를 갖춘 군주란 국가의 보전을 위해 어떤 일이든 기꺼이 필요에 따라 행동할 줄 아는 사람이었다. 이리하여 비르투라는 용어는―그것이 도덕적인 것이든 그렇지 않은 것이든―목표를 달성하게 만들어주는 일련의 자질들을 의미하게 된다.

제 3 장

자유의 이론가

공화주의로의 전환

『군주론』의 완성과 더불어 공직에 복귀하려는 마키아벨리의 희망이 되살아났다. 1513년 12월 프란체스코 베토리에게 보내는 편지에 썼던 것처럼 마키아벨리의 가장 큰 염원은 "비록 메디치가의 군주들이 나(마키아벨리)에게 돌을 굴리는 일부터 시작하라고 할지라도 그들에게 유용한 사람이 되는 것"이었다(C. 305). 마키아벨리는 직접 로마로 가서 줄리아노 데메디치를 만나 "나의 이 보잘것없는 논고(『군주론』)"를 바침으로써 그가 "나(마키아벨리)의 봉사를 기꺼이 받아들이도록" 하는 것이 자신의 야망을 실현하는 데 가장 효과적인 수단은 아닐까 궁금해하고 있었다(C. 305). 베토리는 처음에는 이 계획을 기꺼이 지지하는 것으로 보였다. 그는 마키아벨리의 책을 자신에게 보내달라고 답했는데 "그 책이 헌정하기에 적합한 지 아닌지 보기 위해서였다"(C. 312). 마키아벨리가 이미 집필을 시작한 첫 장의 사본을 보내자 베토리는 "대단히 만족한다"면서도 "책의 나머지 부분이 없기 때문에 최종적인 판단을 내리고 싶지는 않다"고 말했다(C. 319).

그러나 마키아벨리의 희망이 다시 한번 좌절되리라는 것이 곧 명백해졌다. 베토리는 1514년 『군주론』의 전체 원고를 읽고 나서 불길한 침묵을 지켰다. 그는 『군주론』에 대해 다시 언급하지 않았고 그 대신 최근 자신의 애정 문제와 관련된 잡담으로 편지의 내용을 채우기 시작했다. 마키아벨리 역시 가벼운 마음으로 답장을 쓰려고 노력했지만, 커져만 가는 불안감을 감출 수는 없었다. 그해 중반 마키아벨리는 마침내 모든 계획이 물거품이 되었음을 깨달아가기 시작했다. 그는 대단히 비통한 어조로 베토리에게 편지를 보내 이제 모든 노력을 그만두기로 했다고 알렸다. 마키아벨리는 "어느 누구도 나의 노고를 기억하거나 내가 좋은 일을 할 수 있다고 믿지 않는 상황에서 이처럼 비루한 삶을 지속해야 한다는 점"이 명백해졌다고 언급했다(C. 343).

이러한 실망을 겪은 후 마키아벨리의 삶은 완전히 바뀌었다. 외교관 경력을 다시 쌓을 수 있을 거라는 희망을 모두 포기한 마키아벨리는 점점 문필가로 변해갔다. 시골에서 1년 이상 "게으름 속에 타락해가는" 세월을 보낸 뒤, 피렌체 외곽에 있는 코시모 루첼라이(Cosimo Rucellai)의 정원에서 학문적 대화와 여흥을 위해 당대의 인문주의자들과 문필가들이 가졌던 모임에 마키아벨리가 열성적으로 참여하기 시작했던 것은 이러한 변화를 보여주는 핵심적인 징후였다.

오르티 오리첼라리(Orti Oricellari)(모임이 열렸던 루첼라이가의 정원을 가리킨다. 이하 오르티로 표기 —옮긴이)에서 이루어졌던 논의는 부분적으로는 문학적인 성격을 가지고 있었다. 문학의 언어로서 라틴어와 이탈리아어 가운데 어느 것이 더 나은지에 대한 논쟁이 벌어졌고 낭독회가 열리는 한편 연극도 상연되었다. 모임에 참석하는 일은 마키아벨리로 하여금 자신의 창조적인 에너지를 새로운 방향에 쏟을 수 있도록, 즉 직접 희곡을 쓰도록 결심하게 만들었다. 그 결과물이 바로 늙은 판사의 젊고 아름다운 아내를 유혹하는 내용의 잔인하면서도 기발한 희곡 『만드라골라Mandragola』였다. 1518년에 완성된 것으로 보이는 이 희곡은 이후 2년 동안 피렌체와 로마에서 상연되었는데 그 전에 오르티에 출입하던 마키아벨리의 친구들이 원본을 먼저 읽어보았을 것으로 추정된다.

그러나 오르티에서 이루어진 논쟁들 가운데 가장 격렬했던 것은 분명 정치적인 문제에 대한 논쟁이었을 것이다. 모임의 참석자들 가운데 하나였던 안토니오 브루촐리(Antonio

Brucioli)는 훗날 자신이 쓴『대화Dialogues』에서 공화정 체제의 자유와 부패에 대한 끊임없는 토론을 벌였다고 회고했다. 그는『공화국에 대하여On Republics』와『공화국의 법률에 대하여 On the Laws of Republics』에서 마키아벨리를 대담의 상대 가운데 하나로 등장시켰다(25r~70v). 시민의 자유에 대한 참석자들의 관심이 단지 말로만 표현되었던 것은 아니다. 그들 가운데 몇몇은 메디치가의 전제적 통치에 격렬하게 반대했으며 실패로 끝나고 말았던 1522년 추기경 줄리오 데 메디치(Giulio de' Medici) 살해 음모에 휘말리기도 했다. 당시 처형된 사람들 가운데 하나가 자코포 다 디아체토(Giacopo da Diaceto)였다. 그리고 국외로 추방된 사람들 가운데에는 차노비 부온델몬티 (Zanobi Buondelmonti), 루이지 알라만니(Luigi Alamanni) 그리고 브루촐리 자신도 포함되어 있었다. 이들 모두가 오르티 모임의 구성원들이었다. 결국 쿠데타가 실패로 끝난 후 모임은 갑작스럽게 중단되어버렸다.

마키아벨리는 메디치가에 반대하는 음모에 직접 가담할 정도로 공화주의적 자유를 열렬히 지지하지는 않았다. 그러나 그가 코시모 루첼라이를 비롯한 동료들로부터 깊은 영향을 받았던 것만은 분명하다. 1521년 출판된『전쟁의 기술』은 그들과의 토론에서 나온 결과물 가운데 하나였다. 이 저작은 오르티에서 대화를 나누는 형식으로 구성되어 있는데 루첼라이

DISCORSI DI NICOLO MACHIAVELLI
CITTADINO, ET SEGRETARIO
FIORENTINO, SOPRA LA PRI
MA DECA DI TITO LIVIO,
A ZANOBI BVONDEL.
MONTI, ET A COSI.
MO RVCELLAI.

Con Gratie, & Priuilegi di. N.S. Clemente
VII. & altri Prencipi, che intra il termino di. X.
Anni non si stampino, ne stampati si uendino:
sotto le pene, che in essi si contengono.
M. D. XXXI.

4. 1531년 안토니오 블라도(Antonio Blado)에 의해 출판된 『로마사 논고』의 표지.

가 먼저 대화의 주제를 소개한 후, 부온델몬티와 알라만니가 주된 대화 상대로 참여한다. 그러나 마키아벨리가 공화주의의 동조자들과 교류하며 얻게 된 가장 큰 수확은 『로마사 논고Discourses』(그림 4)를 집필하기로 결정한 것이다. 1519년 탈고한 것으로 추정되지만 1531년까지 미출간으로 남아 있었던 『로마사 논고』는 통치 이론과 관련된 마키아벨리의 저작 가운데 가장 분량이 방대하며, 여러 가지 면에서 독창성이 두드러지는 저작이다. 마키아벨리는 이 저작을 부온델몬티와 루첼라이에게 헌정했다. 헌정사에서 그는 "나 혼자서는 절대 쓰려고 하지 않았을 주제에 대해 쓰게 만들었다"며 자신의 동료들에게 공을 돌렸다(188).

위대함에 이르는 수단

마키아벨리의 『로마사 논고』는 리비우스가 쓴 로마사 가운데 처음 열 개의 책에 주석을 다는 형식으로 구성되어 있다. 여기에서 리비우스는 로마라는 도시가 주변 지역의 경쟁 도시들을 물리치고 그들의 왕을 추방한 뒤 "자유로운 국가"를 건설하고 성장하여 마침내 위대함에 이르게 되는 과정을 추적했다. 리비우스의 저작을 바탕으로 집필된 『로마사 논고』는 일반적으로 저작의 제목을 들었을 때 짐작할 수 있는 것보다 훨씬 넓은 범위의 주제를 다루고 있다. 그리고 마키아벨리는 자신이 선택한 주제를 일관된 체계 속에서 다루는 것이 아니라 두서없이 그리고 많은 경우에 단지 부분적으로만 기술한다. 때때로 그는 단지 국가통치술에 대한 이론과 관련된 몇 가지 중요한 주제들을 더 넓은 범위에서 논하기 위한 단초로서 리비우스의 진술을 활용하고 있기도 하지만, 그 밖의 경우에는 단지 교훈을 이끌어내는 수단으로서 리비우스가 언급했던 인물 혹은 일화를 활용했을 뿐이다. 그러나 이러한 혼란스러움에도 불구하고 마키아벨리의 미로를 헤쳐나갈 방법이 전혀 없는 것은 아니다. 마키아벨리는『로마사 논고』2권의 서문에서 1권의 내용을 요약한다. 그에 따르면 1권에서 주로 로마의 "내부" 사정에 대한 이야기들에 초점을 맞추었던 반면, 2권에서는 로마와 "외부"의 관계, 특히 군사적 역량에 힘입어 로마가 제국으로 성장하는 과정에 대해 다루었다. 그리고 3권의 첫번째 장에서 마키아벨리가 추가적으로 밝힌 바에 따르면, 1권과 2권에서는 공적 숙의를 통해 이루어진 일들에 집중했지만 마지막 3권에서는 로마가 위대함에 이를 수 있도록 기여했던 '특정한 사람들', 특히 그들의 정치적 리더십과 관련된 문제에 초점을 맞추었다.

마키아벨리가 이러한 주제들에 대해 고찰하기 시작했을 무렵 다른 무엇보다 그의 관심을 끄는 문제가 하나 있었다. 그는

『로마사 논고』의 1권 첫 단락에서부터 언급되는 이 문제는 저작의 나머지 부분에 등장하는 많은 다른 내용의 바탕이 된다. 마키아벨리의 설명에 따르면 그가 로마사를 공부하는 주된 목적은 "과연 무엇이 공화국을 지배적인 위치에 오르게 만들었는지" 밝혀내는 것이었다(192). 로마가 비할 데 없는 위대함과 힘을 갖게 된 원인은 무엇이었을까?

이는 『군주론』에서 제시되는 것과 명백한 연관성을 갖는 주제였다. 마키아벨리는 『군주론』에서 공화국을 배제하고 논의를 시작했던 것에 반해 『로마사 논고』에서는 공화국을 자신의 주장을 뒷받침하는 주된 근거로 삼았다. 그러나 그렇다고 해서 『로마사 논고』에서 마키아벨리의 관심이 전적으로 군주정에 대립되는 정치체로서의 공화정에만 집중되어 있다고 추론하는 것은 오류이다. 스스로 『로마사 논고』 1권의 서두에서 밝혔던 것처럼 마키아벨리가 관심을 두었던 것은 공화정이 아니라 "공화정이든 군주정이든" 도시의 통치체제 자체였다(195). 게다가 『군주론』을 통해 통치자들에게 어떻게 하면 "위대한 일들"을 함으로써 영광을 얻을 수 있는지에 대한 조언을 건네고자 했던 마키아벨리의 열망 그리고 『로마사 논고』를 통해 왜 특정한 도시들이 "위대함"에 이르게 되었는지, 특히 도시국가 로마가 어떻게 "위대함에 이를 수 있었고" 그토록 "위대한 성과"를 달성할 수 있었는지에 대해 설명하고자 했던 열망 사이에는 뚜렷한 유사성이 존재한다(192, 207, 209).

마키아벨리에게 있어 이는 단순히 이론적인 차원에 국한되는 문제가 아니었다. 그는 "현재의 사건들과 고대의 사건들을 살펴본다면 모든 도시와 모든 인민들이 공통된 소망과 공통된 특성을 가지고 있다는 사실을 쉽게 이해하게 된다"는 전통적인 인문주의자들의 가정을 지지했다. 그렇기 때문에 "과거의 사건들에 대해 열심히 검토한 사람은 미래의 사건들을 쉽게 예측할 수 있으며" "과거에 활용되었던 해결책을 미래에 적용할 수 있다". 그게 아니라면 적어도 "과거와 현재의 사건들이 갖는 유사성으로 인해 새로운 해결책을 고안해낼 수 있다"(278). 『로마사 논고』에 활기를 불어넣고 있는 즐거운 희망은 만일 로마가 성공한 원인을 찾아낼 수 있다면 우리도 같은 성공을 반복할 수 있으리라는 것이었다.

『로마사 논고』의 2권 앞부분에 따르면, 고대의 역사에 대한 연구를 통해 우리는 로마가 성취한 일들을 이해하기 위한 단서를 다음 한 문장으로 요약할 수 있다는 사실을 깨닫게 된다. "경험상 여러 도시들은 자유로운 상태에 있지 않고서는 결코 영토나 부를 증가시킬 수 없었다"(329). 이러한 일반적인 사실을 입증하는 두 가지 인상적인 사례를 고대 세계에서 찾을 수 있다. "아테네인들이 참주 피시스트라투스(Pisistratus)의 전제적 통치에서 해방된 후 100년 동안 그들이 어떠한 위대함에 이르게 되었는지 살펴보는 것은 경탄할 만한 일"이지만 "무엇보다 로마가 왕정으로부터 해방된 후 어떤 위대함에 이르게 되었는지 관찰하는 것은 대단히 경탄할 만한 일"이다(329). 이와 대조적으로 "노예처럼 사는 나라에서는 이 모든 것과 정반대되는 일들이 일어난다"(333). "자유로운 공동체에 전제적 통치가 성립되었을 때 그 즉시 발생하는 해악은 더이상 발전이 없고 국력이나 부 역시 증진되지 않는다는 것이다. 그러나 대부분의 경우에, 사실 언제나 그들은 쇠퇴한다"(329).

이렇듯 마키아벨리가 자유를 크게 강조하면서 주로 염두에 두었던 것은 위대함에 이르고자 하는 도시들은 어떠한 정치적 예속에서도 자유로워야 한다는 점이다. 전제적 통치에 의해 "내부적으로" 부과된 예속이든 아니면 제국의 권력에 의해 "외부적으로" 부과된 예속이든 마찬가지이다(195, 235). 결국 이는 어느 도시가 자유롭다고 말하는 것은 그 도시가 공동체의 권위 이외에 다른 모든 권위로부터 독립적이라고 말하는 것과 같다. "자유로운 국가"에 대해 말하는 것은 스스로 통치하는 국가, 즉 통치자가 인민인 국가에 대해 논하는 것이다(195, 315).

상술한 내용을 통해 드러나는 것처럼, 마키아벨리는 자유란 예속되지 않은 상태의 동의어이며 따라서 자유의 반의어는 노예 상태라고 생각했다. 그는 논의의 시작에서부터 이와 같은 정의가 인각 개인과 정치적 통일체, 즉 한 국가의 국민 모두에게 동일하게 적용되는 것임을 명백히 밝히고 있다.『로마사 논고』1권의 1장에서 마키아벨리는 "자유로운 사람들"을 "타인에게 예속된 사람들"과 대비시키면서, 동시에 자유로운 도시들을 "다른 누구에게도 의존하지 않고" 그들의 일을 수행하는 도시들로 정의하고 있다(193, 195). 또한 그는 1권 2장에서 "타인에게 예속된 모든 정치적 통일체는 노예 상태에 있는 것으로 묘사될 수 있다고 덧붙였고, 2권 2장에서는 자유로운 개인의 삶과 노예의 삶을 대비시켰다(195, 332). 이는 결국 자유로운 상태와 노예 상태 사이의 대비, 즉 독립적인 의지를 소유하는 것과 다른 누군가의 독단적인 의지에 종속된 채 살아가는 것 사이의 대비였다.

이리하여 『로마사 논고』의 첫번째 결론은 만일 "인민들이 도시를 통제하고" 그래서 도시와 도시의 시민들이 자유로운 상태에 있다면 그 도시는 "짧은 기간 안에 엄청나게 성장하여" 위대함을 성취할 수 있다는 것이다(316). 이러한 결론이 마키아벨리로 하여금 군주국에 대한 흥미를 잃게 만들었던 것은 아니다. 왜냐하면 그는 (비록 일관되게 이런 믿음을 드러냈던 것은 아니지만) 때때로 민중의 통제가 유지되는 것, 즉 개인의 자유가 지속되는 것이 군주제라는 통치의 형태와 양립할 수 있다고 믿었기 때문이다(예를 들어, 427). 그러나 이러한 결론으로부터 마키아벨리가 군주제보다 공화제를 선호한다는 사실이 드러나는 것은 확실하다. 마키아벨리는 "인민에 의한 통치가 군주에 의한 통치보다 낫다"고 단언했다(316). 그는 2권의 도입부에서 대단히 강한 어조로 그 이유에 대해 밝히고 있다. "도시를 위대하게 만드는 것"은 "개인적인 이익이 아닌 공공의 이익이다". 그리고 "의심의 여지없이 공공의 이익은 오로지 공화국에서만 중요하게 생각된다". 군주의 통치 아래에서는 "이와 정반대되는 일이 일어난다". 왜냐하면 "군주에게 이익이 되는 것은 대부분 도시에는 해를 끼치며 도시에 이익이 되는 것은 군주에게 해를 끼치기 때문이다". 이러한 대비를 통해 마키아벨리는 왜 군주의 통치 아래에 있는 도시들은 거의 "발전할 수" 없는 반면, "세계 어느 곳에서나 자유로운 상태에 있는 도시와 지방들"은 언제나 "매우 큰 번영을 누리는지"를 설명한다(329, 332).

만일 자유가 위대함에 이르는 열쇠라면, 자유 자체는 어떻게 획득될 수 있고 또 안전하게 보전될 수 있는가? 이에 대해 마키아벨리는 언제나 행운이라는 요소가 개입된다는 사실을 인정한다. "인간사가 흘러가는 방식을 주의 깊게 관찰해본다면, 우리는 그 안에서 일어나는 여러 일들과 사건들에 대해 하늘이 어떤 준비도 해놓지 않았다는 사실을 알게 된다"(406). 무엇보다 어떤 도시가 위대함을 달성하게 되리라는 희망을 갖고자 한다면 "어느 누구에게도 의존하지 않는 자유로운 시작"을 누릴 수 있을 만큼의 좋은 운이 따라야 한다(195). 예속된 상태에서 삶을 시작해야 하는 불행을 겪은 도시들은 일반적으로 "그들을 자유로운 상태로 만들어주는 법률", 그들을 영광과 명성으로 이끄는 법률을 발견하는 것이 "단순히 어려운 정도가 아니라 불가능하다"(296).

그러나 『군주론』에서와 마찬가지로 마키아벨리는 위대함을 성취하는 일이 전적으로 운의 변덕에 달려 있다는 생각을 중대한 오류로 간주했다. 그는 『로마사 논고』 2권 1장에서 이 문제에 대해 다루었는데, 그에 따르면 플루타르코스와 리비우스를 포함한 몇몇 "대단히 영향력 있는" 저자들은 로마인들이 누리게 된 영광을 모두 운 때문이라고 보았다. 플루타르코스는 로마인들 스스로도 이러한 관점을 받아들였던 것처럼 보인다고 언급했다. "로마인들은 자신들이 거둔 모든 승리를 포르투나 여신의 공으로 돌렸다." 그리고 "다른 어떤 신들보다 포르투나 여신을 위한 신전을 더 많이 건립하였다"(324). 마키아벨리는 "어떠한 경우에도 이러한 견해에 수긍할 수 없다"고 응수했다(324). 이후에 그는 로마인들이 운의 축복을 많이 누렸을 뿐만 아니라 운의 여신이 "로마를 더 강하게 만들고 위대함으로 이끌기 위해" 부과한 여러 고난으로부터 이익을 얻었다는 점을 인정했다(408). 그러나 그는―다시 한번 『군주론』에서와 마찬가지로—위대한 업적을 달성하는 것이 결코 단순히 좋은 운의 결과일 수는 없다고 주장한다. 위대한 업적을 달성하는 것은 언제나 운이 비르투라는 필수불가결한 자질, 즉 우리로 하여금 나쁜 운을 차분하게 견딜 수 있게 해주고 동시에 포르투나 여신의 호의적인 관심을 끌어낼 수 있게 해주는 자질과 결합하여 생겨난 산물이다. 만일 우리가 "로마 공화정을 지배적인 위치로 올라서게 만든 것"이 무엇인지 이해하고자 한다면, 우리는 로마가 "대단히 많은 비르투"를 소유했으며 "여러 세기 동안" 그것을 유지했다는 사실 안에 답이 있다는 것을 인정해야 한다(192). 로마인들이 그들의 자유를 보전하고 궁극적으로 세계를 지배하게 된 원인은 로마인들이 "그들의 운을 최상의 비르투와 결합시켰기 때문"이다(326).

마키아벨리는 비르투라는 핵심적인 개념을 분석함에 있어 기본적으로 자신이 『군주론』에서 이미 제시했던 노선을 따라갔다. 『로마사 논고』에서 그는 자신의 이전 주장에 중요한 한 가지 요소를 덧붙이는 방법으로 이 용어를 사용했다. 『군주론』에서 마키아벨리는 이러한 자질을 오로지 위대한 정치 지도자 혹은 군 지휘관하고만 연결시켰지만, 『로마사 논고』에서는 만일 어느 도시가 위대함을 성취하고자 한다면 시민 전체가 이와 동일한 자질을 소유하는 것이 필수적이라는 주장을 펼쳤다(498). 그러나 비르투가 갖는 의미를 규정할 때 그는 이전의 주장들을 반복하면서 대수롭지 않게 그가 이미 도달한 바 있는 결론을 유지한다.

비르투를 소유한다는 것은 도시의 영광과 위대함을 성취하기 위해 필요하다면 그것이 본질적으로 선한 행동이든 악한 행동이든 기꺼이 하려는 마음을 갖는 것이다. 또한 그것은 무엇보다 정치적 리더십과 관련된 가장 중요한 자질이다. 『군주론』에서와 마찬가지로 마키아벨리는 키케로의 인문주의적 가치들을 빈정대듯이 거부하며 이러한 점을 강조한다. 키케로는 『의무에 대하여』에서 로물루스가 "혼자 통치하는 것이 더 편리하다"고 결심한 후 그의 형제를 살해했을 때, 자신의 행동에 대한 변호가 "전혀 합리적이지도 적절하지도 않았기" 때문에 그가 용납할 수 없는 범죄를 저질렀다고 주장했다(3.10.41). 이에 대해 마키아벨리는 "신중한 지식인"이라면 누구라도 "어떤 사람이 왕국을 만들거나 공화국을 세우기 위해 사용했던 불법적인 행위에 대해 책망하지" 않을 것이라고 응답했다. 그 후 마키아벨리는 로물루스의 형제살해에 대한 내용으로 다시 돌아와서 "비록 그의 행위가 비난을 받을 만하더라도 행위의 결과가 그를 용서할 것이다. 로물루스의 사례처럼 결과가 좋다면 언제나 그는 용서받을 것이다. 비난받아야 할 사람은 복원하기 위해 폭력을 행사한 사람이 아니라 파괴하기 위해 폭력을 행사한 사람이기 때문이다"(218).

이와 같은 태도는 일반 시민들에게도 역시 필수적이다. 이전과 마찬가지로 마키아벨리는 인문주의적 가치를 조롱하는 방법으로 이와 관련된 자신의 주장을 제시한다. 키케로는『의무에 대하여』에서 "아무리 자신의 국가를 구하기 위해서라고 해도 현명한 사람이라면 저질러서는 안 되는 혐오스럽고 사악한 행위가 있다"고 단언했다(1.45.159). 이에 대해 마키아벨리는 "절대적으로 국가의 안전과 관련된 문제일 경우"에는 "정당하거나 정당하지 않거나, 자비롭거나 잔인하거나 칭찬받을 만하거나 수치스럽거나를 고려하지 않아야 하며, 대신 모든 양심의 가책을 뒤로한 채 국가를 구하고 국가의 자유를 지킬 수 있는 계획을 최대한 따라야 한다는 점"을 인정하는 것이 모든 시민의 의무라고 응수했다(519).

그렇다면 어떻게 해야 비르투라는 핵심적인 자질을 시민들에게 폭넓게 심어줄 수 있을까? 그리고 어떻게 해야 그것을 오래도록 유지하여 도시가 영광을 성취하도록 만들 수 있을까? 마키아벨리는 좋은 운이 따라야 한다는 사실을 다시 한번 인정한다. 위대한 건국자에 의해 올바른 길이 제시되지 않는다면 어떠한 도시도 위대해질 수 없다. "하나의 딸로서" 탄생한 도시는 건국자에게 빚을 지고 있다고 말할 수 있다(233). "신중한 건국자를 만날 기회를 갖지 못한" 도시는 "다소 불행한 상태"에 놓이게 된다(196). 역으로, 로마가 로물루스를 회고했던 것처럼 위대한 건국자의 비르투와 그가 사용했던 방법을 돌이켜 생각해볼 수 있는 도시는 "대단히 훌륭한 운을 가진" 셈이다(244).

이처럼 "초기의 운"이 필요한 이유는 공화국이나 군주국을 수립하는 일이 "대중의 비르투를 통해서" 이루어질 수 없으며, 대중의 "다양한 의견들"은 "적합한 정부를 구성하는 데" 늘 방해가 되기 때문이다(218, 240). 그러므로 "공화국을 수립하기 위해서는 한 명의 인물이 필요하다"(220). 게다가 일단 도시가 "부패로 인해 쇠퇴할" 경우, 다시 위대함을 되찾기 위해서는 마찬가지로 "대중의 비르투"가 아니라 "그 시기를 사는 한 인물의 비르투"가 필요할 것이다(240). 마키아벨리는 다음과 같은 결론을 내린다. "어떠한 공화국이나 왕국도 한 명의 인물에 의해 수립되지 않는다면 시작부터 잘 조직되는 경우는 거의 없으며" 나중에 "완전히 개혁되는 경우도 거의 없다는 것을 기본적인 통칙으로 받아들여야 한다"(218).

그러나 이어서 마키아벨리는 어떤 도시든 초기의 좋은 운에만 의지할 정도로 경솔하다면 그 도시는 위대하다고 스스로를 속인 셈이 될 뿐만 아니라 곧 붕괴될 것이라고 단언한다. "한 인물의 비르투만을 신뢰하는" 정체(政體)가 필연적으로 갖게 되는 약점은 "비르투가 그 인물이 생명과 함께 사라지며 세습의 과정에서 회복되는 경우가 드물다는 것이다"(226). 왕국 혹은 공화국을 구하기 위해 필요한 것은 "살아 있는 동안 현명하게 통치하는 한 명의 군주를 갖는 것"보다는 이후의 운이 "대중의 비르투"에 의지할 수 있도록 "국가를 조직할 수 있는 군주"를 갖는 것이다(226, 240). 국가통치술의 가장 심오한 비결은 어떻게 이를 실현시킬 수 있는지를 아는 것이다.

마키아벨리는 이것이 지극히 어려운 문제 가운데 하나라는 점을 강조한다. 우리가 도시의 건국자들 가운데에서 탁월한 비르투를 찾아낼 수 있다고 하더라도 보통의 시민들 사이에서 그러한 비르투를 발견하기란 어렵기 때문이다. 반대로 대부분의 사람들은 "선하기보다는 악하기 쉽고", 그 결과 "자유로울 때에는 언제나 사악한 정신에 따라" 행동하기 위해 공동체의 이익을 무시하는 경향이 있다(201, 215). 그래서 모든 도시는 건국자가 가진 본연의 비르투로부터 벗어나 "더 나쁜 상태로 타락하기" 쉽다. 마키아벨리는 가장 훌륭한 공동체조차도 부패의 대상이 된다는 말로 이러한 과정을 요약한다(322).

마키아벨리가 분석한 내용에는 아마도 그가 리비우스의 저작을 읽으면서 접하게 되었을 것으로 추정되는 아리스토텔레스의 시각, 즉 도시를 다른 모든 피조물들과 마찬가지로 "시간이 지남에 따라 손상되는" 유기체로 보는 시각이 바탕에 깔려 있다(451). 로물루스가 어떻게 대중을 하나의 통일체로 만들었는지에 대한 리비우스의 설명과 마찬가지로(1.8.1), 마키아벨리는 한 국가의 국민 모두를 하나의 정치적 통일체로 간주하고 그것을 건강한 상태로 유지해야 할 필요성을 반복해서 강조한다. 그는 "정치적 통일체가 쇄신되지 않는 한 그것이 지속될 수 없다는 것은 너무나 명백한 사실"이라고 생각했다. 정치적 통일체의 비르투는 부패하지 않을 수 없는데, 만일 상처가 치유되고 병이 치료되지 않는다면 그 부패가 정치적 통일체를 파멸로 이끌 것이 확실하다(419).

부패의 과정은 두 가지 방식 가운데 하나로 전개된다. 하나는 시민 공동체가 정치에 대한 관심과 공익에 대한 관심을 함께 잃게 되면서 "비르투를 발휘해야 하는 모든 행동에 게을러지고 부적합해지는 것"이다(194). 만일 시민들이 국가의 일에 적극적이지만 공익을 희생하면서 그들의 개인적인 야망이나 당파적 충성심을 추구하기 시작한 경우에는 더 은밀한 위험이 서서히 퍼져나간다. 마키아벨리는 부패한 정치적 제안이란 "공익보다는 자신들이 대중으로부터 무엇을 얻어낼 수 있는지에 더 관심이 있는 사람들의 제안"이라고 규정한다(386). 이어서 그는 부패한 체제란 "오로지 권력을 가진 자들"만이 정책을 제안하는 체제, 그것도 "공공의 자유를 위한 것이 아니라 자신들의 권력을 위해서" 그렇게 하는 체제라고 정의한다(242). 또한 그는 부패한 도시란 공직이 "가장 훌륭한 비르투를 소유한 이들"로 채워지기보다는 오히려 가장 권력이 강한 그래서 그들의 이기적인 목적을 달성하려 할 가능성이 큰 사람들로 채워진 도시라고 규정한다(241).

이러한 분석은 마키아벨리를 하나의 딜레마에 빠뜨렸다. 한편으로 마키아벨리는 대부분의 사람들이 "필요에 의한 일이 아니라면 결코 선한 일을 하지 않을"정도로 인간의 본성이 "야심과 의심으로 가득 차 있다"고 계속해서 강조했다 (201, 257). 그러나 다른 한편으로 그는 일단 인간에게 "갖가지 야심을 추구하는 것이 허용되면" 도시는 빠르게 "분열되고" 위대해질 수 있는 모든 기회를 잃게 될 것이라고 충고한다(290). 왜냐하면 자유의 보전은 위대함에 이르기 위한 필수적인 조건이며, 부패의 싹이 자라나는 것은 언제나 자유에 치명적이기 때문이다. 이기적인 개인이나 당파적인 이해관계가 지지를 얻게 된다면 그 즉시 그에 상응하여 "자유의 이름으로" 법률을 제정하려는 인민들의 소망은 약화되고 당파가 정권을 장악하기 시작하며 자유 대신 "압제가 재빨리 등장한다" (282). 결국 부패의 독이 시민 공동체 안으로 스며들면 시민들은 "잠시도, 아니 사실상 결코 자유롭게 살 수 없다"는 것이다 (235; 240 참조). 그렇다면 시민 공동체가 부패로 빠져들어가는 것을 어떻게 막을 수 있는가? 어떻게 시민적 위대함을 성취하기에 충분할 만큼 오래도록 공익에 관심을 갖도록 강제할 수 있는가? 다시 말하면 그들에게 어떻게 자유를 강제할 것인가? 『로마사 논고』의 나머지 부분에서 주로 관심을 기울이는 것은 바로 이러한 문제에 대한 해답이다.

법률과 리더십

마키아벨리는 자신의 앞에 놓인 딜레마가 직접 부딪쳐 극복해야 하는 것이 아니라 어느 정도 피해갈 수 있는 것이라고 믿었다. 일반적인 시민들이 천성적으로 많은 비르투를 보여주리라 기대하는 것은 어렵지만, 어느 도시에 좋은 운이 개입하여 위대한 건국자와 마찬가지로 자연스러운 비르투의 자질을 탁월한 수준으로 보여주는 지도자를 만나리라 기대하는 것은 지나친 일이 아니라고 생각했기 때문이다(420). 그는 비르투의 모범을 보여주는 인물이 로마 역사에서 "적어도 10년에 한 번씩만 나타났더라면" 로마는 "결코 타락하지 않았을 것"이라고 주장했다(421). 심지어 그는 "어떤 공동체든" "공동체의 법률을 쇄신하고 공동체가 파멸로 치닫는 것을 막을 뿐만 아니라 원래의 자리로 돌려놓을 수 있는" 지도자를 매 세대마다 만날 정도로 "운이 좋다면", 그 결과는 영원히 지속되는 공화국, 즉 소멸을 피할 능력이 있는 정치적 통일체의 기적을 낳게 될 것이라고 주장했다(481).

『로마사 논고』 3권의 집필 목적 가운데 하나는 도시가 영광을 달성하는 데 있어 개인의 비르투가 어떤 기여를 할 수 있는지 설명하는 것이다. 논의의 시작 부분에서 스스로 언급했던 것처럼, 마키아벨리는 "어떻게 개인의 행동이 로마의 위대함을 증대시켰는지 그리고 어떻게 로마에서 여러 훌륭한 결과를 야기했는지" 보여주고자 했다(423). 이는 분명 『군주론』에서 다루었던 것과 대단히 유사한 주제였다. 따라서 『로마사 논고』의 마지막 부분에서 마키아벨리가 자신의 이전 저작에서 이미 언급되었던 내용을 상당히 빈번하게—100페이지도 안 되는 분량 안에서 거의 열두 번이나—다시 언급하고 있다는 사실은 그리 놀라운 일이 아니다. 마키아벨리는 『군주론』에서와 마찬가지로, 탁월한 비르투를 가진 정치가나 장군이 위대한 일을 성취하기 위해서는 서로 다른 두 가지의 방법이 있다는 사실을 지적했다. 첫번째는 자신보다 못한 시민들에 미치는 자신의 영향력을 이용하는 것이다. 마키아벨리는 이러한 방법이 때로는 직접적으로 사람들을 고무시키는 효과를 가져온다고 주장한다. "이러한 사람들은 평판이 대단히 좋고 그들의 사례는 대단히 영향력이 강해 선한 사람들은 그들을 본받게 되고 악한 사람들은 그와 반대되는 삶을 사는 것을 부끄럽게 여기게 될 것"이기 때문이다(421). 그러나 마키아벨리의 기본적인 주장은 탁월한 지도자의 비르투는 언제나 그의 추종자들에게 어느 정도는 동일한 자질을 심어줄 수 있다는 것이었다. 이러한 영향력이 어떻게 작용하는지에 대해 논하면서 마키아벨리는—『군주론』뿐만 아니라 훗날 『전쟁의 기술』 4권에 나타나는 것처럼—인민들로 하여금 비르투를 발휘하는 방식으로 행동하도록 만들기 위한 가장 효과적인 수단은 그와 다른 방식의 행동을 두려워하도록 만드는 일이라고 주장한다. 마키아벨리는 한니발에게 찬사를 보냈는데, 그것은 바로 한니발이 자신의 군대가 "동요하지 않고 결속을 유지하도록" 만들기 위해서는 "자신의 개인적인 기질을 통해" 두려움을 심어주어야 한다는 사실을 깨닫고 있었기 때문이었다(479). 마키아벨리는 한니발에게 했던 것과 같은 최고의 찬사를 만리우스 토르콰투스(Manlius Torquatus)에게도 보냈다. 토르콰투스의 "강인한 정신"이 그로 하여금 "강한 명령을 내릴 수 있도록" 만들었으며 그의 동료 시민들이 저버리기 시작했던 본연의 비르투를 회복할 수 있도록 만들었기 때문이었다(480~481).

뛰어난 개인이 도시의 영광에 기여하는 또하나의 방법은 더욱 직접적인 것이다. 마키아벨리는 그들의 탁월한 비르투는 그 자체로 부패와 멸망을 모면하게 만든다고 믿었다. 따라서 『로마사 논고』 3권에서 그의 주된 관심사 가운데 하나는 비르투를 갖춘 리더십의 어떠한 면이 이런 유익한 결과를 가장 쉽게 가져오는지 보여주는 것이었다. 그는 "로마의 모든 장군들 가운데 가장 신중한 인물"이었던 카밀루스(Camillus)의 행적을 조망하는 23장에서 이에 대한 답을 제시했다(462). 카밀루스로 하여금 수많은 "훌륭한 일들"을 성취하게 만들었던 자질은 "그의 배려, 신중함, 용기" 그리고 무엇보다 "군대를 관리하고 명령을 내리는 방식의 탁월함"이었다(484, 498). 마키아벨리는 이어지는 장들에서 이 주제를 더 깊이 다룬다. 먼저 그는 위대한 도시의 지도자는 시기하는 사람들을 어떻게 무마시키는지 알아야 한다고 주장한다. "왜냐하면 시기는 번번이 중요한 일들을 처리하기 위해 필요한 권위를 갖지 못하도록 만들기 때문"이다(495~496). 또한 지도자는 큰 용기를 가진 사람이 되어야 한다. 특히 만일 군사적인 능력이 요구되는 경우라면 더욱 그러하다. 지도자는 ─리비우스가 지적한 것처럼─"전투가 가장 치열한 곳에서 활약할" 준비가 되어 있어야 한다(515). 또한 그는 정치적으로 대단히 신중한 태도를 지녀야 하며 이러한 신중함은 근대에 일어난 일들뿐만 아니라 고대의 역사적 사건들에 대한 이해에 기초하고 있어야 한다(521~522). 마지막으로 그는 적들의 전략에 속지 않도록 매우 세심한 주의력과 경계심을 지녀야 한다(526).

이러한 내용들을 분석하는 동안 내내 조국 피렌체의 운에 대한 생각이 마키아벨리의 머릿속을 떠나지 않았다. 비르투를 갖춘 리더십의 필수적인 측면들에 대해 언급할 때마다 그는 논의를 잠시 멈추고 피렌체공화국의 쇠퇴와 1512년의 수치스러운 몰락(1512년 스페인의 침공으로 인해 공화정이 붕괴되고 메디치가의 통치가 부활한 사건을 의미한다—옮긴이)이 많은 부분 이와 같은 자질에 주의를 기울이지 않았기 때문에 발생한 일이라고 지적한다. 비르투를 갖춘 지도자는 시기하는 자들을 다루는 방법을 알아야 하지만, 사보나롤라도 소데리니도 "시기심을 극복하지 못했고", 그 결과 "둘 모두 몰락하고 말았다"(497). 비르투를 갖춘 지도자는 역사의 교훈에 귀를 기울일 준비가 되어 있어야 하지만, 피렌체인들은 "야만인들(르네상스 시기의 이탈리아인들은 알프스 이북의 유럽인들을 '야만인들'이라고 불렀다. 찬란했던 고대 로마의 후예로서 이탈리아인들이 가지고 있던 문화적 우월감을 드러내는 표현이다—옮긴이)의 오래된 관습"을 쉽게 "읽거나 배울 수 있었음"에도 그런 시도를 하지 않았고 따라서 쉽게 기만당하고 약탈당했다(522). 비르투를 갖춘 지도자는 주의 깊고 신중해야 하지만, 피렌체의 통치자들은 피사와의 전쟁중에 그랬던 것처럼, 배신 앞에서 너무나 순진했고 그 결과 공화국에 커다란 불명예를 안겨주었다(527). 자신이 복무하던 정권에 이처럼 신랄한 비판을 가하면서 마키아벨리는 『로마사 논고』의 마지막 3권을 끝맺는다.

만일 처음에 마키아벨리의 앞에 놓여 있던 딜레마를 떠올

려본다면, 『로마사 논고』 3권에 담긴 논의가 그것을 해결해주
지 못하고 있다는 사실이 명백해진다. 마키아벨리는 어떻게
위대한 리더십이 보통의 시민들에게 비르투를 갖도록 강제할
수 있는지에 대해 설명했지만, 그와 동시에 위대한 지도자의
출현은 언제나 순전히 운의 문제라는 것, 따라서 어느 도시에
영광과 명성을 가져오기 위한 수단으로서는 신뢰하기 어렵
다는 점도 인정했다. 결국 근본적인 질문이 여전히 남게 된다.
야심이나 나태로 인해 늘 부패하기 쉬운 일반적인 사람들에
게 어떻게 비르투의 자질을 주입할 것인가? 그리고 어떻게 도
시가 위대함을 성취할 수 있을 때까지 충분히 오래도록 그것
을 유지하게 할 수 있는가?

바로 이 지점에서 마키아벨리는 자신이 『군주론』에서 제시
했던 정치적 비전의 경계를 결정적으로 넘어가기 시작한다.
마키아벨리는 이 문제를 해결하기 위한 열쇠는 곧 시민들이
"잘 조직되는 것"이라고 대답한다. 이는 『로마사 논고』의 1권
의 첫 장에서 제시되는 해법이다. 만일 "그렇게 오랜 세월 동
안" 로마에서 어떻게 "그렇게 많은 비르투가 유지될 수 있었
는지"를 이해하고자 한다면 우리는 "로마가 어떻게 조직되어
있었는지"에 대해 살펴보아야 한다(192). 이어 다음 장에서도
마키아벨리는 이러한 주장을 반복한다. 로마가 어떻게 해서
"완벽하고도 진정한 목표"에 이르는 "바른 길"을 성공적으로

밟을 수 있었는지에 대해 알기 위해서 우리는 로마의 법률과 제도, 그들이 시민들에게 명령을 내리는 방법 등을 연구할 필요가 있다(195). 마키아벨리는 이와 같은 주제를 다루는 데 1권의 상당 부분을 할애한다. 그는 먼저 로마 초기의 역사적 사례들을 보여주면서 "로마의 제도가 로마를 위대하게 만드는 데 얼마나 적합한" 제도였는지를 계속해서 강조했다(271).

마키아벨리에 따르면 전체 시민에게 비르투의 자질을 심어 줄 수 있도록 로마 "내부의" 일들을 조직하는 데는 두 가지 필수적인 방법이 있다(195). 『로마사 논고』 11장부터 15장까지의 내용에서 마키아벨리는 종교적 의식을 유지하고 그것이 "잘 활용되도록" 보장하는 제도는 어느 도시에서든 가장 중요한 제도 가운데 하나라고 주장한다(234). 심지어 그는 "종교적 가르침을 준수하는 것"이 다른 무엇보다 중요하며 그 자체로 "공화국의 위대함"을 가져온다고 단언한다(225). 그리고 거꾸로 한 국가의 부패와 파멸을 가늠하기 위해서 "신에 대한 숭배를 대수롭지 않게 여기는 것"보다 "더 나은 지표는 없다"고 단언한다(226).

로마인들은 "로마 공화정"의 안녕을 증진시키기 위해 종교를 활용하는 방법을 완벽하게 터득하고 있었다. 로물루스의 계승자였던 누마(Numa) 왕은 "문명화된 공동체를 유지하고자 한다면" 시민의 종교의식을 확립하는 것이 "전적으로 필요하다는 사실"을 인식하고 있었다(224). 누마 왕은 심지어 자신이 새로운 법령을 도입하고자 할 때마다 신들의 조언을 구할 정도였다(225). 이와 반대로 근대 이탈리아의 통치자들은 참담하게도 종교와 국가통치술 사이의 관계를 이해하지 못했다. 로마는 여전히 명목상으로 그리스도교의 중심지였지만 역설적이게도 로마 교회가 "나쁜 본보기가 됨으로써" "이 땅(이탈리아)은 모든 경건함과 모든 신앙심을 잃게 되었다"(228). 그 결과 이탈리아인들은 유럽에서 가장 불경한 사람들이 되었고, 그로 인해 가장 부패하고 말았다. 또한 그 직접적인 결과로 이탈리아인들은 자유를 잃었고, 스스로를 지키는 방법도 망각했으며 그들의 국가는 "단지 강한 힘을 가진 야만인들뿐만 아니라 자신을 공격하는 모든 이의 먹이"로 전락하고 말았다(229).

고대 로마인들이 알고 있던—그러나 근대에는 잊혀진—비밀은 바로 도시를 위대하게 만드는 데 있어 종교와 관련된 제도들이 뛰어난 개인이 하는 것과 동일한 역할을 수행한다는 것이다. 다시 말해 종교는 일반 대중들로 하여금 공동체의 이익을 다른 모든 이익들보다 우선시하도록 유도하는—그리고 필요하다면 그들에게 공포를 갖게 만드는—방법으로 활용될수 있다. 로마인들이 어떻게 애국심을 고취시켰는지에 대한 마키아벨리의 설명은 점복에 대한 논의에서 잘 드러난다. 로마의 장군들은 전투에 참가하기 전 언제나 길조(吉兆)가 있다는 사실을 발표하는 일에 신경을 썼다. 그 결과 그들의 군대는 언제나 승리에 대한 확신을 가지고 싸울 수 있었다. 그리고 이러한 확신은 그들을 비르투에 부합하는 방식으로 행동하도록 만들었으며 그 결과 그들은 언제나 그날의 전투에서 승리하였다(233, 503).

그러나 마키아벨리는 로마인들이 전체 인민들에게 공포를 불러일으키기 위해서 어떠한 방식으로 종교를 이용했는지에 대해 더 깊은 인상을 받았다. 이러한 공포는 로마의 인민들로 하여금 다른 방식으로는 결코 획득될 수 없었을 수준의 비르투를 갖게 만들었고, 또 그러한 비르투에 부합하는 행동을 하도록 자극했다. 마키아벨리는 이와 관련된 가장 극적인 사례를 11장에서 인용했다. "한니발이 칸나이에서 로마인들을 패퇴시킨 후, 조국을 구할 수 없으리라는 절망에 휩싸인 로마의 많은 시민들은 이탈리아를 버리기로 결의했다." 이 소식을 들은 스키피오(Scipio)는 "손에 칼을 뽑아 들고" 그들을 만났고 그들로 하여금 자신의 땅을 지키겠다는 신성한 맹세를 하도록 만들었다. 그러한 행동은 로마의 시민들로 하여금 비르투를 갖게 만드는 효과를 낳았다. 결국 로마의 시민들로 하여금 이탈리아에 남도록 결심하게 만들었던 것은 "조국과 그 법률에 대한 사랑"이 아니라 자신의 신성한 맹세를 불경스럽게 위반하는 것에 따르는 두려움이었다(224).

신을 두려워하는 공동체가 당연히 도시의 영광이라는 보상을 받게 된다는 것은 마키아벨리의 동시대인들에게는 친숙한 생각이었다. 마키아벨리 자신이 회고한 것처럼, 이는 1490년대 초 사보나롤라가 행했던 설교의 밑바탕에 깔려 있는 생각이기도 했다. 당시 사보나롤라는 "자신이 신과 이야기를 했고" 신으로부터 피렌체가 본래의 경건함을 되찾는다면 그 즉시 이전의 위대함을 회복할 수 있을 것이라는 내용의 계시를 받았다고 피렌체인들을 설득했던 바 있다(226). 그러나 마키아벨리가 시민들의 삶이 종교에 기초해야 한다고 주장했던 이유를 살펴본다면 그는 두 가지 점에서 사보나롤라의 추종자들과는 차이가 있다. 무엇보다 마키아벨리는 종교적 진리의 문제에는 아무런 관심이 없었다. 그는 거의 전적으로 종교적 감성이 수행하는 역할, 즉 "사람들에게 자극을 주고, 선하게 만들며, 악한 이들을 부끄럽게 만드는 것"에만 흥미가 있었다. 그리고 서로 다른 종교의 가치를 이러한 효과를 만들어낼 수 있는 능력을 기준으로 판단했다(224). 그 결과 마키아벨리는 모든 공동체의 지도자는 "종교에 이로운" 것은 무엇이든 "받아들이고 전파할" 의무가 있다는 결론을 내렸을 뿐만 아니라 "그것이 잘못된 것이라고 생각하더라도" 그렇게 해야 한다고 주장했다(227).

마키아벨리의 견해와 정통 그리스도교 신앙 사이의 또다른 차이점은 이러한 실용주의적 접근 방식과 연관되어 있다. 그는 이러한 기준에 따라 판단한다면 로마인들의 고대 종교가 그리스도교 신앙보다 훨씬 더 낫다고 주장했다. 그리스도교가 "비르투에 따라" 해석되어서는 안 될 이유 그리고 그리스도교 "공동체의 발전과 방위"를 위해 사용되어서는 안 될 이유는 없다. 그러나 교회는 "겸허한 사람들, 세속과 차단된 생활을 하는 사람들을 찬양해왔다". 그리고 "겸허함, 빈한함 그리고 인간사에 대한 경멸을 최고의 선으로 내세웠다". 반면 "정신적인 위업과 신체적인 강건함" 혹은 기타 비르투를 갖춘 시민의 속성 가운데 어떤 것에도 가치를 두지 않았다. 교회는 인간의 탁월함이란 내세의 것이라는 이미지를 부여함으로써 도시의 영광을 촉진시키는 데 실패했을 뿐만 아니라 위대한 민족들의 공동체적 삶을 부패하게 만듦으로써 그들을 쇠망으로 이끌었다. 마키아벨리는—에드워드 기번(Edward Gibbon)(『로마제국쇠망사The History of the Decline and Fall of the Roman Empire』의 저자로 잘 알려진 18세기 영국의 역사가. 그리스도교의 확산을 로마제국 쇠망의 원인으로 지목했다—옮긴이)에 비견되는 역설과 함께—다음과 같은 결론을 내린다. 그리스도교가 "우리에게 진리와 참된 길을 보여주는" 대가로 "세상을 허약하게 만들고 사악한 사람들의 먹이가 되게 만들었다"(331).

『로마사 논고』1권의 나머지 부분에서는 보통의 시민들이 비르투를 갖도록 유도하는 두번째 방법이 논의된다. 첫번째 보다 훨씬 더 효과적인 이 두번째 방법은로 도시의 지도자라면 법률이 가진 강제력을 인민들이 자신의 이기적인 목적보다 공동체의 이익을 우선시하도록 만드는 데 사용할 줄 알아야 한다는 것이다. 이는『로마사 논고』의 1권의 앞부분에서 먼저 포괄적으로 논의된다. 시민의 비르투와 관련하여 가장 모범이 되는 사례는 그것이 "좋은 법률"에서 유래하는 "좋은 교육에 기원을 두고 있는" 것이다(203). 만일 몇몇 도시들이 어떻게 오랜 기간 동안 비르투를 유지할 수 있었는지 묻는다면 그에 대한 기본적인 대답은 언제나 "법률이 도시를 훌륭하게 만든다는 것"이었다(201). 이러한 주장이 마키아벨리의 전체 논의에서 핵심적인 위치를 차지하고 있다는 사실은 3권의 도입부를 통해 명백하게 드러난다. 만일 도시가 "새로운 생명을 얻고" 영광을 향한 길로 나아가고자 한다면 이는 "단 한 사람의 비르투 혹은 법률의 비르투에 의해서만" 성취될 수 있다(419~420).

이러한 믿음을 고려할 때 우리는 왜 마키아벨리가 도시의 건국자들을 그렇게 중요하게 생각했는지 알 수 있다. 그들은 입법자로서 활동했고 그러한 활동을 통해 처음부터 비르투를 증진시키고 부패를 억누를 수 있는 최선의 수단을 공동체에 공급하는 특별한 위치에 있었다. 이와 관련된 가장 인상적인 사례는 스파르타의 건국자 리쿠르고스(Lycurgus)의 사례라고 할 수 있다. 그는 흠 잡을 데 없는 법전을 만들었고, 그래서 스파르타는 "800년이 넘도록 법률의 가치를 떨어뜨리는 일이 없이", 도시의 자유를 잃지 않은 채 "법률 아래에서 안전하게 살 수 있었다"(196, 199). 로마 초기의 왕인 로물루스와 누마가 성취한 업적도 그에 못지않게 훌륭했다. 그들이 제정한 좋은 법률을 통해 로마는 "광대한 제국을 건설한 뒤에도 여러 세기 동안 도시를 부패시킬 수 없을 정도로", 시민들에게 확고한 비르투의 자질을 "갖도록 강제할 수 있었다". 그리하여 로마는 "다른 도시나 공화국들과 뚜렷하게 구별될 만큼 위대한 비르투로 충만한 채" 남아 있었다(195, 200).

마키아벨리에 따르면 이러한 사례들은 우리가 역사 연구로부터 배우기를 열망하는 가장 유익한 교훈을 제공한다. 위대한 입법자들이란 도시를 위대하게 만들기 위해 법률을 어떻게 이용해야 하는지를 이해한 사람들이다. 따라서 그들이 제정한 법률의 세부적인 내용을 연구해본다면 그들이 성공한 비결을 밝혀낼 수 있다. 그리고 그렇게 함으로써 근대의 통치자들이 고대인들의 지혜를 이용 가능하도록 만들 수 있다.

이 문제에 대한 연구 끝에 마키아벨리는 고대의 가장 현명한 입법자들이 공통적으로 통찰하고 있던 내용들이 아주 간단하게 요약된다는 결론에 이르게 되었다. 그들은 모두 세 종류의 "순수한" 통치체제, 즉 군주정, 귀족정, 민주정이 본질적으로 불안정하며 부패와 몰락의 순환을 만들어낸다는 사실을 알고 있었다. 그들은 공통적으로 혼합정체, 즉 순수한 통치체제의 장점들이 서로 결합함으로써 불안정성이 교정되는 통치체제를 수립하는 것이 법률의 힘으로써 비르투를 부과하기 위한 열쇠라고 추론했다. 언제나 그렇듯이 이 점에 대해서도 로마의 사례가 가장 모범이 된다고 말할 수 있다. 로마는 "혼합된 정부"를 발전시켰으며 그래서 자유를 보전하고 "완벽한 공화국"을 만들 수 있었다(200).

이는 물론 혼합정체의 특별한 장점을 옹호했던 고대의 정치이론에서 흔히 찾아볼 수 있는 견해이다. 이러한 주장은 무엇보다 폴리비오스의 『역사History』 6권에 제시된다. 폴리비오스는 집정관 제도 안에 군주정의 요소가, 원로원 안에는 귀족정의 요소가 그리고 민회 안에는 민주정의 요소가 들어가 있다는 이유로 로마의 통치체제를 예찬했다. 이후 키케로가 자신의 여러 논고에서 이와 유사한 견해를 제시했으며 15세기 피렌체의 뛰어난 인문주의자들 대다수가 이에 동의하고 있었다. 그러나 마키아벨리가 이 주제를 다루는 방식은 적어도 두가지 차원에서 기존의 시각과 차별화될 뿐만 아니라 특별한 중요성을 갖는다. 먼저 『로마사 논고』는 폴리비오스의 정치체

제순환론, 즉 모든 국가의 정치제도가 순환적인 변화를 겪는
다는 이론을 르네상스 유럽에 전달하는 역할을 수행했다. 그
리고 마키아벨리의 논의는 "모든 공화국에는 두 개의 대립되
는 파벌, 즉 평민의 파벌과 지배층의 파벌이 존재한다"는 가
정으로부터 출발한다(203). 그는 이 두 집단 가운데 한쪽이 다
른 한쪽에 대해 완전한 통제력을 갖게 된다면 공화국은 "쉽게
부패할 것"이라고 생각했다(196). 만일 지배층에 속한 인물들
가운데 누군가가 군주의 자리를 차지하게 된다면 즉시 전제
적 통치의 위험이 나타나게 된다. 그리고 만일 지배층이 귀족
정을 수립하면 그들은 자신들의 이익을 위한 통치를 할 것이
다. 평민들이 민주정을 수립하더라도 마찬가지의 일이 벌어
질 것이다. 이 모든 경우에 전체의 이익은 당파에 대한 충성심
에 종속될 것이며, 그로 인해 비르투가 상실되고 나아가 공화
국의 자유가 상실되는 결과를 초래하게 될 것이다(197~198,
203~204).

마키아벨리의 주장에 따르면 해결책은 대립적인 두 사회
세력 사이에 팽팽한 균형이 유지될 수 있도록 정치체제와 관
련된 법률을 제정하는 것이다. 두 파벌이 각자 "지속적으로 상
대방을 감시"하면서 "부자들의 거만함"과 "평민들의 방종"을
모두 예방하는 한편 모든 파벌이 정부의 업무에 관여하는 상
태를 말한다(199). 이러한 상태에서는 어느 한쪽이 더 높은 권

력을 차지하려는 조짐이 보이지 않는지 경쟁관계에 있는 두 집단이 서로를 경계하면서 빈틈없이 감시하게 되는데, 이러한 압박감은 오로지 "공공의 자유에 이바지하는" 법률이 통과되는 경우에만 해소될 수 있다. 비록 파벌들은 각자의 이기적인 이익에 따라 움직이지만 마치 보이지 않는 손이 작용하는 것처럼 모든 입법 활동에서 공공의 이익을 증진시키는 방향으로 이끌리게 된다. 즉 "자유의 신장을 위해 제정된 모든 법률"은 결국 "불화의 결과"이다(203).

정치적 갈등에 대한 마키아벨리의 변호는 동시대인들을 경악하게 만들었다. 프란체스코 귀차르디니(Francesco Guicciardini)는 『로마사 논고에 대한 고찰Considerations on the Discourses』에서 "분열을 찬양하는 것은 마치 비르투가 치료약으로 쓰이기 때문에 환자의 질병을 찬양하는 것과 같다"고 대답함으로써 모든 동시대인들의 반응을 대변했다(68). 마키아벨리의 주장은 유구한 피렌체 정치사상의 전통을 거스르고 있었다. 파벌은 시민의 자유에 가장 치명적인 위협이 되며 모든 불화는 파벌의 동의어이므로 금지되어야 한다는 믿음은 13세기 말부터 강조되어왔다. 당시 레미지오 데 지롤라미(Remigio de' Girolami), 브루네토 라티니(Brunetto Latini), 디노 콤파니(Dino Compagni) 그리고 어느 누구보다 단테(Dante)는 피렌체의 동료 시민들이 평화로운 상태에서 살기를 거부

함으로써 자신들의 자유를 위험에 빠뜨리고 있다고 맹렬하게
비난했던 바 있다. 마키아벨리의 말대로 로마의 무질서가 "최
고의 찬사를 받을 만하다"고 주장하는 것은 피렌체 인문주의
가 가장 소중히 하는 가정 가운데 하나를 부인하는 일이었다
(204).

그러나 이러한 전통도 마키아벨리로 하여금 자신의 주장을
재고하게 만들지는 못했다. 그는 로마에서 평민과 귀족 사이
의 계속되는 충돌이 도시를 "혼란으로 가득하게" 만들었고 그
래서 오로지 "좋은 운과 군사적인 비르투"만이 로마가 분열하
는 것을 막을 수 있었다는 "다수의 견해"를 명시적으로 언급
했다. 그러나 그는 로마의 무질서를 비난하는 사람들은 무질
서가 파벌의 이익이 우세해지는 것을 막았다는 점을 알아차
리지 못했으며 따라서 "로마를 자유롭게 만들었던 첫번째 원
인에 잘못을 돌리는 것"이라고 계속해서 주장했다(202). 그는
불화가 그 자체로 악이라고 할지라도 "로마가 위대함을 성취
하기 위한 필요악이었다"는 결론을 내렸다(211).

부패의 방지

이어서 마키아벨리는 비록 혼합정체가 자유의 보전을 위해
필요하다고 할지라도 그것만으로는 충분하지 않다고 주장한

다. 왜냐하면—그가 다시 한번 경고하고 있는 것처럼—대부분의 사람들은 공공의 이익보다는 자신의 야망에 더 매달리고 "필요에 의한 경우를 제외하고는 어떠한 선도 절대 행하지 않기 때문"이다(201). 그 결과 지나치게 강한 힘을 가진 시민들이나 권력을 가진 집단이 자신들의 개인적인 목표와 당파적인 목표에 유리하도록 정치체제의 균형을 무너뜨리려는 경향이 생겨난다. 그리고 이로 인해 정치적 통일체 안에 부패의 싹이 트고 자유는 위험에 빠진다.

이러한 근절할 수 없는 위협에 대처하기 위해 마키아벨리는 정치체제와 관련된 하나의 방안을 제시한다. 그는 자유의 대가는 영원한 경계라고 주장한다. 먼저 시민 개인과 정치적 당파가 "안전한 범위를 넘어서서 더 많은 권력을 차지하기" 위해 어떤 책략들을 사용하는지 알아차릴 수 있어야 한다(265). 다음으로 이와 같은 비상사태에 대처하기 위한 특별한 법률과 제도를 마련하는 것이 필수적이다. 마키아벨리가 언급했던 것처럼, 공화국의 "제도 안에는 다음과 같은 사항이 포함되어 있어야 한다. 즉 시민들이 선이라는 이름을 빌려 악을 행할 수 없도록, 그리하여 그들이 인기를 얻더라도 자유를 해치는 일이 발생하지 않도록 감시를 받아야 한다"(291). 마지막으로 부패의 경향을 알아볼 수 있을 뿐만 아니라 부패가 위협이 되는 즉시—혹은 그 이전에—그것을 근절하기 위해 법률의 힘을 빌릴 수 있도록 모두가 준비를 갖춘 상태에서 "경계하는 일"이 필수적이다(266).

마키아벨리는 이러한 분석을 로마 초기의 역사로부터 배울 수 있는 정치체제에 대한 대단히 중요한 교훈과 결합시킨다. 로마가 400년이 넘는 기간 동안 자유를 보전할 수 있었다는 사실을 고려한다면, 로마의 시민들은 무엇이 그들의 자유를 가장 심각하게 위협하는지 정확하게 알아차렸고 이를 바로잡기 위한 올바른 제도를 계속해서 발전시켜나갔던 것이 틀림없어 보인다. 따라서 만일 우리가 이와 같은 위험의 치료법을 알고자 한다면 다시 한번 로마 공화정의 역사로 눈을 돌려 고대의 지혜를 찾아내고 그것을 근대 세계에 적용시키는 일이 도움이 될 것이다.

마키아벨리는 이어서 로마인들이 깨닫고 바로잡았던 세 가지 위협의 내용을 집중적으로 분석한다. 첫번째 위협은 이전의 체제에서 혜택을 누렸던 사람들로부터 비롯된다. 이와 관련하여 마키아벨리는 "브루투스의 아들들"이 야기한 위험에 대해 언급한다. 그는 『로마사 논고』 1권 16장에서 처음으로 이 문제를 언급한 후, 3권의 도입부에서 다시 한번 강조한다. 유니우스 브루투스(Junius Brutus)는 로마의 마지막 왕 타르퀴니우스 수페르부스(Tarquinius Superbus)의 전제적 통치로부터 로마를 해방시켰다. 그러나 브루투스의 아들들은 "전제적인 정부에서 혜택을 누렸던" 무리에 속해 있었다(235). 따라서 인민의 자유를 확립하는 일이 그들에게는 노예 상태보다 나을 것이 없어 보였다. 그 결과 그들은 "오로지 왕의 통치하에서 받았던 혜택을 집정관의 통치 아래에서 그대로 받는 것이 불법이 되었다는 이유만으로 조국을 상대로 역모를 꾸몄다" (236).

이러한 종류의 위험에 관하여 마키아벨리는 "브루투스의 아들들을 죽이는 것보다 더 강력하고 효과적이며 확실하고도 필요한 해결책이 없다"고 단언한다(236). 그는 브루투스가 기꺼이 "재판관의 자리에 앉아서 그의 아들들에게 사형을 선고했을 뿐만 아니라 사형을 집행하는 자리에까지 참석해야 했다"는 사실이 잔혹하게 보일 수 있다는 사실을 인정했다―그리고 차가운 어조로, 그것은 확실히 "기록에 남겨진 사건들 가운데 가장 인상적인 사례"라고 덧붙였다(424)―그럼에도 그는 이러한 냉혹함이 불가피하다는 입장을 고수했다. "왜냐하면 전제적 권력을 장악하고도 브루투스를 제거하지 않은 자와 국가를 자유롭게 만들고도 브루투스의 아들들을 제거하지 않은 자는 단지 짧은 기간 동안만 자신의 권력을 보전할 수 있기 때문이다"(425).

두번째 위협은 지배층의 시민들을 중상모략하고 그들에 대해 배은망덕한 태도를 보이는 자치공화국의 악명 높은 성향으로부터 비롯된다. 마키아벨리는 『로마사 논고』 1권 29장에서 처음으로 이에 대해 언급한다. 여기에서 그는 어떤 도시가 "자유를 유지하는 것"에 있어 범하기 쉬운 최악의 오류 가운데 하나가 "보답을 해주어야 할 시민들에게 해를 입히는" 일이라고 주장했다(259). 이러한 오류가 수정되지 않는다면 대단히 위험한 상황이 초래된다. 부정의에 의해 피해를 입은 사람은 보통 반격을 가할 수 있는 강력한 지위에 있는 경우가 많고, 그래서 배은망덕한 정부가 그에게 허락하지 않은 것을 스스로 힘으로 차지했던 카이사르의 경우와 같이 도시를 "빠르게 전제적 통치로 몰고 갈 수 있다"(259).

이에 대한 유일한 해결책은 시기심 많고 감사할 줄 모르는 자가 탁월한 인물의 명성에 해를 입히는 것을 방지하도록 고안된 특별한 제도를 도입하는 것이다. 이러한 제도의 목적은 "충분한 고소의 기회를 주는 것"이 되어야 한다. 중상모략을 당했다고 느낀 시민은 누구라도 "아무런 두려움이나 주저함 없이" 당사자를 법정에 출두시켜 적절한 근거를 제시하라고 요구할 수 있어야 하며, 공식적인 고발이 "제기되고 조사가 잘 이루어진" 이후에도 제시된 근거가 적절하지 않다고 판단될 경우 법률은 중상모략한 당사자를 엄격하게 처벌할 수 있어야 한다(215~216).

마키아벨리는 모든 혼합정체가 직면할 수 있는 가장 심각한 위협에 대한 언급으로 논의를 마무리한다. 이러한 위협은 야심에 찬 시민이 공공의 이익 대신 사사로운 충성에 기초해 당파를 형성하려고 할 때 일어난다. 마키아벨리는 『로마사 논고』 1권 34장에서 이러한 불안의 근원에 대한 분석을 시작한다. 이후 1권의 나머지 부분에서 이러한 부패는 어떻게 해서 일어나게 되는가, 그리고 전제적 통치로 향하는 관문을 막기 위해서는 어떠한 유형의 제도가 필요한가에 대해 고찰한다.

군사 지휘권을 장기 독점하는 것은 파벌의 성장을 자극하는 한 가지 요인이다. 마키아벨리는 "로마를 노예 상태로 만든 것"은 다른 무엇보다 이러한 방식으로 "시민이 얻게 된 권력"이라는 점을 암시적으로 언급한다(267). "자유로운 권한이 오랫동안 주어졌을 때" "도시의 자유가 손상되는" 이유는 절대적인 권한이란 늘 인민들을 자신의 "친구 혹은 당파"로 만들어 부패시키기 때문이다(270, 280). 바로 공화정 말기 로마의 군부에서 이와 같은 현상이 발생했다. "한 시민이 오랜 기간 동안 군대의 지휘관으로 있으면 그는 군대의 지지를 받게 되고 군대를 자신의 당파로 만들게 된다." 그래서 군대는 "이윽고 원로원을 망각한 채 그를 우두머리로 생각하게 된다"(486). 술라, 마리우스 그리고 이후 카이사르가 "공공의 이익에 반해 그들을 따르는 군인들"을 갖게 된 이후 "급격하게 정치체제의 균형이 무너지고 신속하게 전제적 통치가 뒤따르게 되었다"

(282, 486).

그러나 독재적 권위라는 관념 자체를 두려워하는 것이 이러한 위협에 대한 적절한 대응책이 될 수는 없다. 국가적인 위기 시에는 독재적 권위가 필요할 수도 있기 때문이다 (268~269). 그보다는 올바른 제도를 통해 그러한 권력이 남용되지 않도록 하는 것이 올바른 대응책이 되어야 한다. 공화정 초기 로마의 시민들이 인지하고 있었던 것처럼, 이러한 대응책이 확실한 결과를 낳으려면 다음 두 가지의 방법이 선행되어야 한다. 하나는 모든 절대적 권력이 "종신이 아닌 제한된 기간 동안만 유지되도록" 설정하는 것이고, 다른 하나는 그러한 권력의 행사가 "권력 형성의 원인이 되는 일에만 국한되도록" 하는 것이다. 이와 같은 제도가 준수되는 한 절대적 권력이 부패하거나 "정부를 약화시킬" 위험은 없다(268).

파벌의 성장을 자극하는 다른 한 가지의 원인은 막대한 부를 가진 사람들이 행사하는 이기적이고 해로운 영향력이다. 부유한 자들은 언제나 그들의 동료 시민들에게 "돈을 빌려주거나, 그들의 딸을 결혼시키고 행정관으로부터 그들을 보호하는 등" 여러 가지 호의를 베풀 수 있는 위치에 있다. 이러한 종류의 후원은 본질적으로 해롭다. 공공의 이익을 저버리고 "사람들을 은혜를 베푼 자의 파벌로 만드는" 경향이 있기 때문이다. 그리하여 결국 은혜를 베푼 자의 파벌이 된 사람들이 그로 하여금 "대중을 부패시키고 법률을 위반해도 된다고 생각하게 만드는 용기를 갖게 만든다"(493). 따라서 마키아벨리는 "부패 그리고 자유로운 삶을 대수롭지 않게 받아들이는 태도는 도시 안에 존재하는 불평등으로부터 기원한다"고 주장한다. 또한 "다양한 수단과 방법으로 부유한 자들의 야심을 분쇄하지 않는다면 도시가 머지않아 파멸에 이르게 된다"는 경고를 반복한다(240, 274).

"잘 조직된 공화국"에서 "국고는 넉넉한 상태로 그리고 시민들은 가난한 상태로 유지하는 것"만이 이러한 위협에 대처하는 유일한 방법이다(272). 마키아벨리는 이를 위한 제도가 무엇인지에 대해서는 모호한 태도를 취하지만, 이러한 정책이 가져올 수 있는 이득에 대해서는 확실한 입장을 밝힌다. 만일 법률이 "시민들을 가난한 상태로 유지"하는 데 이용된다면, 그들이 선량하거나 지혜롭지 않다고 하더라도 "부유함으로 인해 자신들과 다른 사람들을 부패시키는 것"을 효과적으로 방지할 수 있을 것이다(469). 이와 동시에 만일 국고가 가득 차 있다면 정부는 사적인 일을 통해 얻을 수 있는 것보다 더 큰 보상을 공적인 일에 제공할 수 있기 때문에 "부유한 자들이 시민을 자신의 편으로 만들려 하는 계획"을 봉쇄할 수 있다(300). 따라서 마키아벨리는 "자유로운 공동체가 할 수 있는 가장 유용한 일은 공동체의 구성원들을 가난한 상태로 유지시키는 일"이라는 결론을 내린다(486). 그리고 그는 대단히 수사적인 어조로 "만일 다른 사람들의 저작들이 이 주제를 여러 차례에 걸쳐 훌륭하게 다루지 않았더라면" "부유함보다 가난함이 더 나은 결실을 가져온다는 것을 보여주는 이야기를 길게 늘어놓을 수 있었을 것"이라고 덧붙이며 논의를 끝맺는다(488).

마키아벨리의 분석이 이러한 단계에 이르면 우리는—『로마사 논고』 3권에서처럼—그가 제기하는 주장의 밑바탕에는 조국의 운에 대한 우려가 자리하고 있음을 알게 된다. 그는 먼저 우리에게 한 도시가 자유를 보전하고자 한다면, 지배층의 시민들을 중상모략하는 일을 막을 수 있는 규정들이 보장되어야 한다는 점을 주지시킨다. 그후 이런 규정들이 "우리 도시 피렌체에는 언제나 제대로 마련되어 있지 않았다"고 지적한다. "이 도시(피렌체)의 역사를 읽는 사람"은 누구든 "도시의 중대사에 종사하는 시민들에 대한 중상모략이 얼마나 많이 존재했었는지를 알게 될 것"이다. 그 결과 "셀 수 없이 많은 문제들"이 발생했고 이 모든 문제들이 도시의 자유를 손상시켰다. 만일 "시민들에 대해 소를 제기할 수 있는 그리고 중상모략한 사람들을 처벌할 수 있는 방안"이 제대로 운용되어 왔더라면 피할 수 있는 문제들이었다(216).

코시모 데 메디치(Cosimo de' Medici)의 이기적인 이익을 증진시키기 위한 파벌의 형성을 막지 못했던 그 순간 피렌체는 노예 상태로 한발 더 나아갔다. 마키아벨리는 만일 영향력 있는 시민이 자신이 가진 부로 사람들을 부패시키기 시작한다면 도시는 공공의 이익을 위한 일에 종사하는 것이 더 큰 이득이 되도록 만듦으로써 그를 제어해야 한다고 주장한다. 당시 코시모의 경쟁자들은 그를 피렌체 밖으로 추방함으로써 그를 추종하는 사람들의 분노를 야기했고 결국 그들이 "코시모를 귀환시켜 공화국의 군주로 만들었다". 코시모의 경쟁자들이 그에게 공개적으로 반대하지 않았었더라면 결코 오를 수 없는 자리였다(266, 300).

메디치가가 다시 추방되고 공화정이 복원되었던 1494년 피렌체의 자유를 확고하게 할 수 있는 마지막 한 번의 기회가 찾아왔다. 그러나 당시 피에로 소데리니의 아래에 있던 피렌체의 새로운 지도자들은 치명적인 실수를 범하고 말았다. 소데리니는 순진하게도 "브루투스의 아들들이 가지고 있던 다른 정부로 돌아가고자 하는 열망을 인내와 선의로 극복할 수 있다"고 생각했는데, 왜냐하면 그가 피를 흘리지 않고도 "사악한 파벌이 생겨나는 것을 근절할 수 있으며" 또 "적대감을 가진 몇몇 사람들에게 보상을 줌으로써 그들을 달랠 수 있다고" 믿었기 때문이다(425). 이처럼 놀라울 정도의 순진함은 결국 브루투스의 아들들이 — 즉, 메디치가의 파벌이 — 살아남아 그를 파멸로 이끌고 1512년 메디치가의 전제적 통치를 부활시키는 결과를 가져왔다.

소데리니는 마키아벨리가 제시하고 있는 국가통치술의 가장 핵심적인 계율을 실행에 옮기지 못했다. 그는 악을 행하여 좋은 결과 얻기를 주저했기 때문에 적대자들을 소탕하는 데 불법적인 권력을 행사해야 한다는 것을 알자 그것을 거부했다. 그러나 그는 피렌체의 자유가 위기에 빠졌을 때 그러한 망설임이 얼마나 어리석은 일인지에 대해서는 알지 못했다. 그는 "자신의 행위와 의도는 결과에 의해 평가될 것"이라는 점을 깨달았어야 했다. 그리고 만일 운이 그에게 있었다면, 그는 자신이 한 일이 야심을 충족시키기 위한 것이 아니라 조국을 보전하기 위한 노력이었음을 모두가 납득할 수 있으리란 걸 깨달았어야 했다. 소데리니가 "브루투스처럼 행동할 수 있는 지혜를 갖지 못한" 결과는 대단히 끔찍했다. 그는 "자신의 지위와 명성"을 잃었을 뿐만 아니라 동료 시민들을 "노예 상태로 전락하게" 만들었다(425, 461). 『로마사 논고』 3권에서 그랬던 것처럼 마키아벨리의 주장은 한때 그가 일했던 정부와 지도자에 대한 비난으로 발전한다.

제국을 위해 필요한 일들

『로마사 논고』 2권의 도입부에서 마키아벨리는 제도에 대한 자신의 논의가 아직 절반 정도밖에 진행되지 않았다는 사실을 밝힌다. 도시 "내부"의 일을 처리하기 위해 법률을 확립하는 것 이외에도 도시 "외부"의 일, 즉 다른 왕국이나 공화국과의 일들을 처리하기 위해 올바른 제도를 확립하는 일이 필요하다(339). 모든 국가가 서로 적대적인 경쟁관계에 있기 때문에 더욱 그러하다. 사람들은 결코 "자신들이 가진 자원에 의존하여 살아가는 것에 만족"하지 않는다. 그들은 언제나 "다른 국가를 지배하려는 경향이 있다"(194). 이러한 경향은 "어느 한 공화국이 평온하게 자유를 누리는 것을 불가능하게 만든다"(379). 평화의 노선을 따르려 하는 모든 도시는 모든 사람의 운이 "한자리에 고정되어" 있지 않고 언제나 "상승과 하강"을 반복하는 끊임없이 유동적인 정치의 세계 안에서 곧 희생양으로 전락하게 된다(210). 이에 대한 유일한 해결책은 공격을 최선의 방어로 간주하여 팽창정책을 실시하는 것, 그렇게 함으로써 "침략자들로부터 도시를 방어하고 도시의 위대함에 도전하는 자는 누구든 격파할 수 있도록" 하는 것이다(194). 이리하여 대외적인 패권을 추구하는 일은 도시 내에서 자유를 유지하기 위한 전제조건이 된다.

이전의 논의에서처럼 마키아벨리는 로마 초기의 역사적 사례들을 자신의 주장을 확증하기 위한 근거로 활용한다. 『로마사 논고』 2권 1장에서 그는 로마 이외에 팽창과 정복에 적합한 제도를 많이 보유하고 있던 "공화국은 이제껏 존재하지 않았다"고 단언한다(324). 그에 따르면 로마는 이러한 제도의 공을 최초의 입법자인 로물루스에게 돌려야 한다. 로물루스는 탁월한 통찰력을 가지고 행동했고, 그로 인해 로마는 전쟁을 수행하는 데 있어 "비범하고 막강한 비르투"를 발전시킬 수 있었다(332). 로마로 하여금 일련의 눈부신 승리를 통해 최종적으로 "최고의 위대함"과 "막강한 힘"을 성취하게 만들었던 것은 바로—그들이 만난 예외적으로 좋은 운과 더불어—이러한 호전성이었다(337, 341).

로물루스가 정확하게 인식하고 있었던 것처럼 어느 도시가 "외부의" 일을 성공적으로 규제하기 위해서는 두 가지 필수적인 조치가 필요하다. 첫번째는 방어와 팽창이라는 목적을 위해 활용 가능한 시민의 수를 가능한 한 많이 유지하는 것인데, 이를 위해서는 다시 두 가지의 정책을 추구할 필요가 있다. 첫번째 정책은—『로마사 논고』 3장에서 살펴본 것처럼—이민자 유입을 장려하는 것이다. "이주해오려는 외국인들에게 길을 안전하게 열어주는 것"은 도시에, 특히 인력 확보에 유익하다(334). 두번째 정책은—『로마사 논고』 4장에서 논의한 것처럼—"동맹을 맺는 것"이다. 종속적 위치에 있는 동맹국들에게 둘러싸여 있어야 하며, 그들에게 군사적인 원조를 요청하는 것에 대한 대가로 도시의 법률로서 그들을 보호해주어야 한다(336~337).

다른 하나의 조치는 가능한 한 많은 병력의 동원이 가져오는 이점과 연관된다. 병력을 최대한 효율적으로 동원하여 전쟁을 "짧고 굵게" 끝내는 것은 필수적이다(342). 이는 로마인들이 항상 채택했던 전략이기도 하다. 그들은 언제나 "전쟁이 선포되는 즉시" "적을 향해 군대를 진격시켰고 지체 없이 전투에 돌입했다." 마키아벨리는 다른 어떠한 정책도 이보다 "안전하거나, 강하거나 혹은 더 유익할" 수는 없다고 말한다(342). 비용 지출을 최소화할 뿐만 아니라 적보다 유리한 입장에서 대처할 수 있게 만들기 때문이다.

이어서 마키아벨리는 로마인들의 성공을 연구함으로써 얻을 수 있는 전쟁 수행과 관련된 교훈들을 구체적으로 살펴본다. 『로마사 논고』 2권 10장에 등장하는 이 주제는 2권의 나머지 부분에서 계속 반복된다. 뿐만 아니라 이후에 집필된 『전쟁의 기술』의 핵심을 차지하는 주제이기도 하다. 『로마사 논고』보다 『전쟁의 기술』에서 더 세련되게 다듬어지기는 했지만 본질적으로는 유사하다. 이 주제를 다루는 부분에서 마키아벨리가 부정적인 결론만을 제시하고 있는 이유는 아마도 고대의 군사적 비르투를 근대 세계에서 부활시킬 수 있다는 전망에 대한 회의가 점차 커지고 있었기 때문일 것이다. 마키아벨리는 위대함을 성취하기 위해 어떤 전략이 필요한지 생각하기보다는 오류가 있는 전략들, 그 결과 승리 대신 "죽음과 파멸"을 가져왔던 전략이 무엇인지에 집중한다(377~278). 그리고 그에 따르는 훈계와 경고를 장황하게 늘어놓는다. "부는 전쟁의 힘줄"이라는 널리 퍼진 격언을 그대로 받아들이는 것은 신중하지 못한 일이다(348~349). "결정을 망설이는 일" 혹은 "지체하여 뒤늦은 결정을 내리는 일"은 해를 끼친다(361). 전쟁의 수행을 "때가 되면 총포가 떠맡을 것"이라고 가정하는 것은 전적으로 오류이다(367, 371). 외국의 군대에 의지하거나 용병을 고용하는 것은 자멸하는 길이다(381). 이는 마키아벨리가 이미 "다른 저작에서 충분히" 논의했던 문제. 요새를 주된 방어 수단으로 활용하는 것은 전쟁 시에는 유용하지 않으며 평화 시에는 해로운 일이다(394). 한 명의 시민이 모욕을 당하거나 상해를 입었다고 느낄 때 "만족스러울 정도의 보복"을 불가능하게 만드는 일은 위험하다(405). 그리고 할 수 있는 최악의 실수는 월등한 힘을 가진 군대에게 공격당했을 때 "모든 협상을 거부하는 것" 그리고 승산이 없음에도 불구하고 그들을 격퇴하려고 애쓰는 것이다(403).

마키아벨리가 이러한 정책들을 비난하는 이유는 언제나 같다. 이러한 정책들이 모두 다음과 같은 사실을 깨닫지 못한 채로 수립되었기 때문이다. 영광을 획득하기 위해 자국의 군대에 주입해야 하는 것 그리고 적국의 군대에서는 제거해야 하는 것은 바로 비르투의 자질이다. 마키아벨리는 여러 정책들을 나열하면서, 통치자에게 해를 끼치는 이례적인 비르투의 위험에 대해 언급한다. 예를 들어, 요새에 의존하는 것이 실수인 까닭은 바로 이러한 이례적인 비르투 때문이다. 요새가 제공하는 안전은 통치자로 하여금 "신민을 억압하는 일을 주저 없이 신속하고 행하도록 만든다". 그러나 반대로 이는 "신민을 자극하게 되며 그 원인을 제공했던 요새는" 신민의 혐오와 분노로부터 "통치자를 지켜주지 못한다"(393). 상해에 대한 보복을 불가능하게 만드는 일도 마찬가지이다. 만일 한 시민이 크게 모욕당했다고 느낀다면 그는 격노한 감정으로부터 이례적인 비르투를 끌어내어 심각한 상해를 입히는 복수를 하게 될 것이다. 파우사니아스(Pausanias)가 바로 이러한 사례다. 파우사니아스는 자신의 명예가 손상되었음에도 복수를 할 수 없게 되자 마케도니아의 왕 필립을 살해했다(405~406).

또다른 위험은 통치자의 운이 공공의 이익과 관련된 비르투를 전혀 소유하지 않은 사람들의 손에 달려 있는 경우이다. 이러한 위험은 통치자가 정치적 결정을 지체하고 주저하는 경우에 발생한다. 최종적인 결정을 막는 사람들은 보통 "이기적인 욕심"에 의해 움직이거나 "정부를 전복하려는" 사람들이다(361). 외국의 군대나 용병을 활용하는 일도 동일하다. 그러한 군대는 어찌해볼 도리 없이 부패했기 때문에 "보통 그들이 싸워야 할 사람들뿐만 아니라 그들을 고용한 사람들도 약탈하기 때문이다"(382).

　민정(民政)에서뿐만 아니라 군무(軍務)에서도 비르투의 자질이 다른 어느 것보다 중요하다는 사실을 깨닫지 못하는 것이 가장 위험하다. 적국에 대하여 그들이 가진 부를 기준으로 평가하는 것이 치명적일 수밖에 없는 이유가 바로 여기에 있다. "전쟁은 금[부]이 아닌 철[무기]로 수행되는 것"이므로 평가의 기준은 적국이 가진 비르투가 되어야 한다(350). 전투에서 승리하기 위해 총포에 의존하는 것도 마찬가지이다. 물론 마키아벨리는 "만일 당시에 총이 있었더라면 로마인들은 좀더 빠르게 정복을 완수했을 것"이라고 시인한다(370). 그러나 그는 오늘날에는 "총포를 사용하기 때문에, 고대인들이 그랬던 것처럼 비르투를 드러내거나 활용할 수 없다"는 생각은 오류라고 주장한다(367). 따라서 그는 "총포는 그것이 고대인들의 비르투와 결합한 군대에서는 유용하지만", 그렇다고 해서 "비르투를 소유한 군대에게 총포만으로 대항하는 것은 무용지물"이라는 다소 현실과 동떨어진 결론을 이끌어낸다(372). 월등한 힘을 가진 군대와 맞닥뜨렸을 때 협상을 거부하는 것이 왜 각별히 위험한 일인지에 대해서도 마찬가지의 관점에서 설명할 수 있다. 이는 설령 탁월한 비르투를 소유한 군대라고 할지라도 그들에게 현실적으로 불가능한 일을 요구하는 것이기 때문이다. 그래서 이는 "결과를 운의 장난에 맡기는 것"과 같은데 "신중한 사람이라면 누구도 불가피한 경우를 제외하고는 그러한 위험을 무릅쓰지 않는다"(403).

로마의 역사에 대한 마키아벨리의 탐구는 고대의 비르투와 조국의 부패에 대한 고뇌에 찬 비교로 끝을 맺는다. 피렌체인들은 군무에 있어 "로마인들이 사용했던 수단을 쉽게 알 수 있는 그래서 로마인들의 모범을 따를 수 있는 상황이었다"(380). 그러나 실제로 그들은 "로마인들의 방법을 전혀 고려하지 않았고, 그 결과 생각할 수 있는 모든 함정에 빠지고 말았다"(339). 로마인들은 우유부단하게 행동하는 데 따르는 위험을 충분히 알고 있었다. 그러나 피렌체의 지도자들은 이러한 역사의 교훈을 결코 깨닫지 못했다. 그 결과 "우리 공화국(피렌체)에 재난과 불명예"를 초래했다(361). 로마인들은 언제나 용병과 외국 군대가 무용지물이라는 것을 알고 있었다. 그러나 다른 공화국이나 군주국과 마찬가지로, 피렌체인들은 이들과 같이 부패하고 비겁한 군대에 의존함으로써 당하지 않아도 될 굴욕을 여전히 당하고 있었다(383). 로마인들은 동료 시민들을 통제하는 데 있어 "그들의 충성심을 유지시키기 위한 굴레로 요새를 건축하는" 정책이 단지 그들의 분노와 불안만을 야기한다는 사실을 알고 있었다. 이와 반대로 "피렌체에서는 요새를 지어 피사와 다른 도시들을 방어해야 한다는 주장이 제기되고 있었다"(392).

끝으로 마키아벨리는 이미 자신이 비합리의 극치라고 비난했던 정책으로 시선을 돌린다. 바로 우월한 힘을 가진 군대와 맞닥뜨렸을 때 협상을 거부하는 일을 말한다. 고대사의 모든 사례들은 이러한 정책이야말로 가장 어리석은 방법으로 운을 유혹하는 것임을 보여준다. 그럼에도 불구하고 1512년 여름 스페인 왕 페르디난드의 침입을 받았을 때 피렌체는 이러한 정책을 취했다. 스페인 군대는 국경을 넘자마자 식량이 부족하다는 사실을 알아차리고 휴전을 시도했다. 그러나 "이로 인해 거만해진 피렌체인들은 그것을 받아들이지 않았다"(403). 그에 대한 즉각적인 결과로 스페인 군대가 프라토를 약탈했고 피렌체가 함락되었으며 공화정이 붕괴되었고 메디치가의 전제적 통치가 복원되었다. 이 모든 것은 쉽게 피할 수도 있었던 일이었다. 이전과 마찬가지로, 마키아벨리는 거의 절망적인 분노의 어조로 자신이 일했던 정권의 어리석음에 대해 언급하면서 논의를 끝맺는다.

제 4 장

피렌체의 역사가

역사의 목적

『로마사 논고』를 완성한 직후 운명의 수레바퀴는 갑작스럽게 방향을 돌려 마키아벨리에게 자신이 늘 갈망해오던 메디치가의 후원을 받게 만들었다―1516년 줄리아노의 사망 이후 마키아벨리가『군주론』을 재차 헌정했던―로렌초 데 메디치(Lorenzo de' Medici)는 그로부터 3년 뒤 요절했다. 이로 인해 그의 사촌이었던 줄리오(Giulio) 추기경이 피렌체의 통치권을 물려받았으며, 얼마 지나지 않아 클레멘스 7세라는 이름으로 교황의 자리에 올랐다. 줄리오 추기경은 마키아벨리의 절친한 친구로 훗날『전쟁의 기술』을 헌정하게 되는 로렌초 스트로치(Lorenzo Strozzi) 추기경과 친척 관계였다. 이런 인연으로 인해 마키아벨리는 1520년 3월 메디치가의 궁정에 천거될 수

5. 마키아벨리가 거주했던 피렌체 남부 페르쿠시나의 산탄드레아에 있는 저택 내부
   의 모습. 마키아벨리가 글을 쓸 때 사용했던 사무용 책상이 보인다. ©akg images
   /Eric Lessing

있었고, 그에게 외교가 아닌 집필과 관련된 직책이 주어질 것이라는 암시적인 언질을 받게 된다. 마키아벨리의 기대는 실현되었다. 같은 해 11월 그는 메디치가로부터 피렌체의 역사를 집필해달라는 공식적인 요청을 받게 된다.

마키아벨리는 『피렌체사The Florentine Histories』를 집필하며 남은 생의 대부분을 보냈다(그림 5 참조). 『피렌체사』는 마키아벨리의 저술들 가운데 가장 분량이 많고 오랜 시간에 걸쳐 집필되었을 뿐만 아니라 그가 좋아하던 위대한 고대 작가들의 문학적 범례를 따르는 데 상당한 주의를 기울였던 저작이다. 그는 리비우스의 선례를 따라 천년이 넘는 시간 범위를 써내려갔다. 그러나 동시에 고전적─즉 인문주의적─역사서술이 갖는 두 가지 기본 원칙을 충실히 따랐다. 역사가란 단순히 연대기 편찬자가 아니라는 생각을 전제로 하고 있는 이 두 가지 원칙이란 첫째, 역사서술은 도덕적 교훈을 심어줄 수 있어야 한다는 것, 둘째, 역사가는 이 교훈을 최대한 부각시킬 수 있는 방법으로 사료를 선택하고 활용해야 한다는 것이다. 살루스티우스(Sallust)는 이 두 가지 원칙과 관련하여 상당히 중요한 진술을 남겼다. 그는 『유구르타와의 전쟁The War with Jugurtha』에서 역사가의 목적은 "유용한" 그리고 "쓸 만한" 방법으로 과거를 되돌아보는 것이라고 주장했다. 그리고 『카틸리네와의 전쟁The War with Catiline』에서 올바른 접근법은 사건의 완벽한 연대기를 제공하는 것이 아니라 "기록할 만한 가치가 있는" 것처럼 보이는 "일부 사건들을 선별하는 것"이라는 결론을 끌어냈다(4.2).

마키아벨리는 『피렌체사』에서 여러 사건들이 발전하여 절정에 이르는 과정에 대해 서술하면서 이러한 수칙을 충실하게 따른다. 예를 들어 『피렌체사』 2권은 어떻게 해서 아테네 공작이 1342년 참주로서 피렌체를 통치하게 되었고, 이듬해 권좌에서 축출되었는지에 대한 설명으로 끝을 맺는다. 그리고 3권은 그 이후 반세기의 역사를 간략하게 서술한 후 한 가지 흥미를 끄는 일화로 주제를 옮겨간다. 1378년 치옴피(Ciompi)의 반란이다. 2권과 마찬가지로 3권도 1378년의 격변에 뒤따르는 반동을 묘사하는 것으로 끝이 난다. 그리고 4권은 이후 40년 동안의 공백 이후 메디치가가 어떻게 다시 권력을 장악하게 되었는지에 대한 논의로 시작된다.

인문주의 역사서술과 관련된 또하나의 원칙은 가장 유익한 교훈을 가장 기억할 만한 형식으로 전달하기 위해서는 역사가가 웅장한 수사학적 문체를 활용할 줄 알아야 한다는 것이다. 살루스티우스가 『카틸리네와의 전쟁』 도입부에서 밝힌 것처럼, 역사가들이 직면하는 특별한 도전은 "문체와 어휘가 기록되는 행위에 부합해야 한다"는 것이다(3.2). 마키아벨리는 살루스티우스의 이상을 대단히 진지하게 받아들였고, 1520

년 여름 역사서술을 위한 문체의 "모델"을 만들기로 결정했다. 그리고 그 초안을 오르티 오리첼라리에서 자신의 동료들에게 보여준 후 그들의 논평을 요청하기도 했다.

마키아벨리가 작성한 14세기 초 루카의 참주 카스트루초 카스트라카니(Castruccio Castraccani)의 짤막한 전기는 이를 위한 예비적인 연구의 단계에 해당된다. 카스트루초의 행적 가운데 일부는 마키아벨리가 꾸며낸 것이다. 마키아벨리의 관심은 카스트루초의 행적을 상세하게 서술하는 것보다는 그 것을 기억할 만한 형식으로 선택하고 재구성하는 것에 있었다. 도입부에 등장하는 카스트라니의 출생에 대한 묘사, 즉 그가 업둥이라는 서술은 허구이다. 그러나 마키아벨리는 이러한 이야기를 꾸며냄으로써 인간사에서 운이 갖는 힘에 대해 열변을 토할 기회를 갖게 되었다(533~534). 성직자에게 교육을 받았던 어린 카스트루초가 "무기 다루는 법에 열중하기" 시작했던 순간은 마키아벨리에게 있어 지력과 무력이 갖는 경쟁적인 매력에 대한 고대의 논쟁을 보여줄 수 있는 기회였다(535~536). 또한 카스트루초가 임종 시에 회한에 빠져 내뱉었던 말은 고전적 역사서술의 백미를 보여준다(553~554). 카스트루초의 생애에 대한 서술은 그의 풍자적인 유머와 관련된 수많은 사례들과 함께 끝을 맺는데, 그 대부분은 사실 디오게네스 라에르티우스(Diogenes Laertius)의 『철학자들의 생애

Lives of the Philosophers』에서 표절한 것이며 순전히 수사적인 효과를 위해 삽입한 것이다(555~559).

마키아벨리가 『카스트루초의 생애Life of Castruccio』를 자신의 동료 루이지 알라만니와 차노비 부온델몬티에게 보냈을 때 그들은 이것이 당시 마키아벨리가 집필하고 싶어했던 방대한 역사서를 위한 습작이라고 생각했다. 부온델몬티는 1520년 9월의 편지에서 『카스트루초의 생애』에 대해 "당신〔마키아벨리〕의 역사서를 위한 모델"이라고 언급하는 동시에 이런 이유로 "주로 언어와 문체의 관점에서" 원고에 대해 논평하는 것이 최선이라고 덧붙였다. 그리고 "다른 어떤 것보다도" 마키아벨리가 꾸며낸 임종 시에 카스트루초가 내뱉은 말을 흥미롭게 읽었다는 언급과 함께 이 구절이 수사적으로 탁월하다는 찬사를 늘어놓았다. 또한 자신이 듣고 싶었던 이야기는 무엇보다 마키아벨리가 이 새로운 문학의 영역에 도전할 준비가 되었다는 이야기였다며 다음과 같이 말했다. "우리 모두는 당신〔마키아벨리〕이 모든 성의를 다해 당신의 역사서〔『피렌체사』〕 집필을 시작해야 한다고 생각합니다"(C. 394~395).

몇 달이 지나 마키아벨리가 『피렌체사』 집필에 전념하기 시작했을 때 이러한 문체상의 기법이 구체적으로 활용되었다. 마키아벨리의 정치이론 가운데 가장 핵심적인 주제들이 이

책 안에서 수사학의 옷을 걸친 채 하나의 경구처럼, 그리고 서로 대구를 이루며 재현되고 있다. 『피렌체사』 2권에서는 영주들 가운데 하나가 아테네 공작에 맞서 "어떠한 힘도 붕괴시킬 수 없고 시간도 마모시키지 못하며 어떤 이득보다도 우월한 자유의 이름"에 대하여 열정적으로 이야기하는 장면이 등장한다(1124). 그다음 3권에서는 어느 평범한 시민이 영주들에게 비르투와 부패 그리고 늘 공공의 이익을 위해 봉사해야 하는 모든 시민의 의무에 대하여 앞서 영주의 연설만큼이나 고상한 어조로 열변을 토한다(1145~1148). 그리고 5권에서는 리날도 델리 알비치(Rinaldo degli Albizzi)가 강성해지는 메디치가의 힘에 대항하여 밀라노 공작에게 도움을 청하며 비르투, 부패 그리고 "소수의 시민들 앞에서만 머리를 숙이고 다른 시민들에게는 그렇지 않은" 도시가 아니라 "모든 시민들을 동등하게 사랑하는" 도시에 충성하라는 애국적 의무에 대한 연설을 늘어놓는다(1242).

인문주의자들이 고대의 권위 있는 저자들로부터 이끌어낸 가장 중요한 수칙은 역사가란 선조들이 성취한 빛나는 업적에 집중해야 하며 그렇게 함으로써 그들의 가장 고귀하고 영광스러운 행동들을 본받도록 독자들을 자극해야 한다는 것이었다. 비록 로마의 역사가들이 비관적인 전망을 드러내는 경향이 있었고, 점점 그 정도를 더해가는 세계의 부패에 대해서 빈번하게 언급하기도 했지만, 이는 독자들에게 더 좋은 시대를 떠올리게 만들어야 하는 역사가의 의무를 열정적으로 고집하던 그들의 일반적인 태도에서 비롯된 것이다. 살루스티우스가 『유구르타와의 전쟁』에서 설명했던 것처럼 "고귀한 사람들의 가슴에" "자신들의 비르투로 선조들의 명성과 영광에 필적할 수 있을 때까지 가라앉지 않는 야심"을 불어넣고자 한다면 그것은 오로지 "위대한 업적에 대한 기억"으로서만 가능하다(4.6).

피렌체의 인문주의자들은 일반적으로 역사가의 임무에 대한 이와 같은 생각을 열렬히 받아들였다. 이와 관련하여 주목할 만한 사례 한 가지가 1450년대 피렌체의 서기장 포조 브라촐리니(Poggio Bracciolini)가 쓴 『피렌체 인민의 역사History of the Florentine People』의 헌정사에서 발견된다. 포조는 "정말로 진실한 역사가 대단히 유용한" 까닭은 "가장 탁월한 인물들이 자신의 비르투를 통해 무엇을 성취했는지 관찰할 수 있다"는 사실 때문이라고 단언한다. 우리는 그들이 어떻게 "영광, 조국의 자유, 아이들의 복지, 신들 그리고 인간과 관련된 모든 일들"에 대한 열망에 이끌렸는지 알게 된다. 그 결과 우리는 그러한 인물들의 사례로부터 "크게 자극을 받아" "마치 그들의 위대함과 경쟁하도록 우리를 부추기는" 것처럼 느끼게 된다(II, 91~94).

마키아벨리는 인문주의 역사서술의 이러한 측면을 완전하게 이해하고 있었던 것이 분명하다. 그는 『피렌체사』의 서문에서 포조의 저작을 예찬의 어조로 인용하기도 했다(1031). 그러나 많은 경우 인문주의적 전통을 그대로 따랐던 마키아벨리는 바로 이 지점에서 갑자기 자신이 지금까지 구축해온 서술방식을 깨뜨린다. 『피렌체사』 5권의 도입부에서 그는 이전 세기 피렌체의 역사를 살펴보면서 "우리 군주들이 국내에서나 국외에서 수행한 일들은 고대인들이 했던 일들과 같을 수 없으며, 비르투와 위대함이라는 측면에서 그리 놀랄 만한 일로 보이지 않는다"고 선언한다. 군인들의 용맹함, 장군들의 비르투 그리고 시민들의 조국애에 대해 말하는 것은 불가능하다. 우리는 오로지 점점 더 부패해가는 세계에 대해 논할 수 있을 뿐인데, 그 세계 안에서 "합당하지 않은 평판을 유지하기 위해 군주들과 병사들 그리고 공화국의 지도자들이 어떤 속임수와 책략으로 자신의 일을 수행했는지" 알게 된다. 마키아벨리는 이런 식으로 일반적인 인문주의 역사서술의 원칙을 완전히 뒤집어버렸다. 그는 과거를 모범적 사례가 아닌 경고를 담고 있는 이야기의 보고(寶庫)로 바라본다. 그는 "자유의 정신에 불을 붙여 과거를 모방하도록" 하는 것이 아니라 "현재의 악습을 피하거나 없앨 수 있도록" 하고자 했다(1233).

따라서 『피렌체사』의 전체 내용은 쇠퇴와 몰락이라는 우울

한 주제를 중심으로 구성된다. 1권은 서로마제국의 멸망과 야
만인들(서로마 멸망의 원인이 되었던 고대 게르만 민족을 가리킨
다. 마키아벨리는 고대의 게르만 민족을 르네상스 시기 알프스 이북
의 민족들과 동일시하고 있다―옮긴이)의 이탈리아 진출에 대해
서술한다. 1권의 후반부와 2권의 도입부에서는 어떻게 "로마
의 폐허 가운데에서 탄생한 새로운 도시들과 새로운 통치 세
력들이 비르투를 발휘하여 이탈리아를 해방시켰고 또 이탈리
아를 야만인들로부터 방어해냈는가"를 다룬다. 2권 중반부터
1490년대를 다루는 8권의 마지막에 이르기까지 책의 나머지
부분에서 마키아벨리는 점차 심해지는 부패와 붕괴의 역사를
서술한다. 최악의 순간은 가장 큰 굴욕을 당한 1494년이었다.
이때 이탈리아는 이전에 몰아낸 적이 있던 야만인들의 통치
하에서 다시 "노예 상태로 되돌아가고 말았다"(1233).

자유의 쇠퇴

『피렌체사』의 가장 중요한 주제는 부패이다. 마키아벨리는
부패가 어떻게 해서 피렌체에 악영향을 끼쳤고, 피렌체의 자
유를 옥죄었으며, 마침내 전제적 통치와 불명예를 가져왔는
지에 대해 서술한다. 그는 앞서 살펴보았던 『로마사 논고』에
서와 마찬가지로 부패가 발생하기 쉬운 두 개의 영역으로 시

선을 돌린다.『피렌체사』의 서문에서 마키아벨리는 이 두 영역을 구분하고 이를 바탕으로 이후의 이야기 전체를 구성한다. 마키아벨리는 먼저 "대외적" 문제을 다루는 일에 지속적인 부패의 위험성이 존재한다는 사실을 알린다. 부패의 징후는 군무(軍務)에 있어 점점 더 우유부단하고 비겁하게 일을 처리하는 것이다. 다음으로 그는 "대내적 문제"에도 이와 유사한 위험성이 존재한다고 말한다. "시민들 사이의 대립과 내부적 갈등"이 대내적 문제에서 부패의 증가를 반영한다 (1030~1031).

마키아벨리는 주로 피렌체의 대외 정책을 다루는 5권과 6권에서 이러한 문제에 대해 언급한다. 그러나 그는—『로마사 논고』에서 했던 것처럼—피렌체가 저지른 전략적 실수에 대한 상세한 분석을 시도하지는 않았다. 마키아벨리는 피렌체인들의 군사적 무능력을 보여주는 일련의 사례를 조롱하는 어조로 제시하는 것에 그친다. 마키아벨리는 잘 알려진 전투를 공들여 서술하는 인문주의 역사서술의 일반적인 형식을 그대로 따르는 동시에 거기에 풍자적인 어조로 덧붙여 서술했다. 군사적인 문제에 대한 마키아벨리의 서술방식은 천편일률적인데, 그 요지는 그가 묘사하는 모든 전투는 완전히 우스꽝스러운 것이었으며 군사적 용맹이나 영광과는 거리가 먼 것이라는 점이다. 1424년 밀라노와의 전쟁 초기에 벌어졌던 차고나라(Zagonara) 전투에 대한 서술에서 그는 먼저 당시 이 전투는 피렌체가 크게 패한 전투로 생각되었고 "이탈리아 전역에도" 그렇게 알려졌다고 주장한다. 그러고 나서 "말에서 떨어져 진흙탕에 빠져 죽은" 세 명의 피렌체인을 제외하고는 그 전투에서 죽은 이가 아무도 없다고 덧붙인다(1193). 이후 마키아벨리는 1440년 앙기아리(Anghiari)에서 피렌체인들이 거둔 유명한 승리에 대해서도 동일하게 풍자적인 태도를 취한다. 당시 오랜 전투에서 "단 한 사람만 사망했는데, 부상이나 명예로운 일격에 의해서가 아니라 말에서 떨어져 밟혀 죽었다"(1280).

『피렌체사』의 나머지 부분은 점점 악화되는 피렌체 내부의 부패와 관련된 절망스런 이야기들로 채워져 있다. 이러한 이야기는 이미 3권의 도입부에서부터 시작되는데, 여기에서 마키아벨리는 도시의 법률과 제도가 "공공의 이익을 위해서가" 아니라 개인 혹은 파벌의 이익을 위해 만들어졌다는 점을 분명하게 밝히고 있다(1140). 그는 자신의 위대한 선배들, 즉 브루니와 포조에 대해 그들이 피렌체사를 서술하면서 공화국의 자유가 점차 쇠퇴하는 현상에 적절한 주의를 기울이지 못했다는 점을 비판했다(1031). 마키아벨리는 피렌체의 슬픈 사례가 증명하고 있는 것처럼 공동체가 비르투를 상실했을 때 생겨나는 적대감이 "도시에서 발생하는 모든 악을 불러온다"는 주장으로 이 주제에 대해 깊은 관심을 쏟았던 자신의 태도를 정당화한다(1140).

마키아벨리는 『피렌체사』 3권의 도입부에서 어느 도시에 서든 항상 "인민과 귀족들 사이에 심각하고도 자연스러운 반목"이 생겨난다는 점을 인정하며 논의를 시작한다. 이러한 반목은 "지배하고자 하는 귀족들의 욕망과 지배받지 않으려는 인민들의 욕망" 때문이다(1140). 『로마사 논고』에서 그랬던 것처럼 마키아벨리는 이와 같은 모든 적대적 행위를 피해야 한다고 주장하지 않는다. 그는 "어떤 분열은 공화국에 해를 가하지만 또 어떤 분열은 이익을 가져온다. 즉, 파벌이나 당파를 수반하는 분열은 해를 입히지만 그렇지 않은 분열은 이익을 가져온다"는 이전의 주장을 반복한다. 신중한 입법자의 목적은 "적대감이 없도록 하는 것"이 아니라 불가피하게 일어나는 적대감에 기초한 "파벌이 없도록" 보장하는 것이 되어야 한다 (1336).

그러나 피렌체의 문제는 적대감이 언제나 파벌의 반목으로 이어졌다는 점이다(1337). 그 결과 도시는 "자유와 노예 상태"가 아닌 "노예 상태와 방종"이라는 파멸적인 양극단을 오가게 되었다. 보통의 인민이 "방종을 조장"했다면 귀족은 "노예 상태를 조장"했다. 그 결과 이 불행한 도시는 "전제적 통치에서 방종한 상태로 그리고 다시 방종한 상태에서 전제적 통치로” 갈지자 행보를 보였다. 두 파벌 모두 서로에게 강력한 적이었고, 그래서 어느 쪽도 상당 기간 안정을 확보할 수 없었다(1187).

마키아벨리에게 있어 14세기부터 전개된 피렌체 내부의 역사적 사건들은 모두 두 극단 사이에서 벌어진 소모적인 움직임에 불과했다. 그리고 도시의 자유를 상실한 것은 이러한 움직임이 낳은 결과였다. 『피렌체사』 2권의 이야기는 귀족들이 권력을 잡고 있던 14세기 초부터 시작된다. 이는 곧바로 1342년 아테네 공작에 의한 전제정치로 이어졌는데 당시 시민들은 “정부의 위엄이 무너지고, 풍속이 파괴되며, 법령이 폐기되는 것”을 목격했다(1128). 이에 따라 시민들은 전제적 통치를 무너뜨리고 인민의 정부를 수립하는 데 성공했다. 마키아벨리는 인민들이 귀족들의 권력을 억제하고 노예 상태를 거부했던 이 사건을 예찬하는 어조로 서술했다. 그러나 『피렌체사』 3권의 서술에 따르면 자유를 향한 그들의 노력은 곧 1378년 “억제되지 않은 군중들”이 공화국을 장악하면서 다시 방종으로 타락하고 말았다(1161~1163). 그런 다음 권력의 추가 다시 “인민 출신의 귀족들”에게로 기울었고, 15세기 중반 그들이 다시 한번 인민의 자유를 구속하려 함으로써 새로운 형태의 전제적 정부가 수립되었다(1188).

이야기의 최종 단계에 이르러 마키아벨리는 자신의 주장을 더 완곡하고 신중한 문체로 표현하기 시작한다. 『피렌체사』의 후반부에서 가장 핵심적인 주제는 메디치가가 피렌체 정부에서 지배적인 위치를 차지하게 되는 과정이다. 마키아벨리는 분명 자신에게 『피렌체사』를 쓰도록 요청한 것이 바로 그들이라는 점을 감안해야 한다고 느꼈을 것이다. 그리고 최종적으로 피렌체의 자유가 파괴된 것에 대한 책임이 주로 그들에게 있다는 자신의 생각을 숨기기 위해 고심했다. 그는 코시모 데 메디치(Cosimo de' Medici)를 가리켜 탁월한 신중함을 가진 지도자이자 통치술을 이해하는 데 있어 타의 추종을 불허하는 인물 그리고 "자신의 후계자들이 자신과 동등한 능력을 발휘하게 하고 자신을 뛰어넘는 운을 갖도록 하는 구조를 만들어 물려주었다"고 예찬했다(1345). 또한 코시모의 손자 로렌초 데 메디치(Lorenzo de' Medici)의 군사적인 능력뿐만 아니라 신중함에 대해서도 찬사를 보냈다. 그에 따르면 "공무에 대해 논의할 때 그의 말은 막힘이 없었고 날카로웠다. 공무를 결정할 때는 현명했으며, 그것을 실행할 때에는 신속하고 대담했다". 그래서 "그가 하는 모든 일이 성공적이었다"(1433~1434).

그러나 만일 마키아벨리가 조심스럽게 따로 떨어뜨려 배치해놓은 많은 구절들을 한데 모아 살펴본다면 전혀 다른 그림이 나타나기 시작한다. 『피렌체사』 7권은 지배층의 시민이 민중을 부패시키고 스스로 절대적인 권력을 차지하기 위해 채

택할 수 있는 가장 교활한 전략들에 대한 논의로 시작된다. 이 문제는 이미 『로마사 논고』에서 광범위하게 다루어진 바 있는데, 여기에서 마키아벨리는 이전의 논의를 반복하는 것에 그친다. 가장 심각한 위험은 부유한 사람들이 자신의 부를 이용하여 공적인 이익을 추구하는 것이 아니라 "사적인 이익을 좇아 자신들을 따르는 파벌"을 만드는 것이다. 마키아벨리는 이러한 결과를 가져오게 되는 두 가지 주요한 수단이 있다고 덧붙인다. 하나는 "다양한 시민들에게 호의를 베풀거나, 행정관으로부터 그들을 보호해주거나, 금전적으로 그들을 도와주거나, 과분한 관직을 얻도록 지원해주는 것"이다. 그리고 다른 하나는 "시합이나 공적인 선물을 통해 대중들을 즐겁게 하거나" 거짓된 인기를 누리고 대중들을 미혹시켜 그들의 자유를 박탈하기 위해 값비싼 행사를 벌이는 것이다(1377).

만일 이를 염두에 둔 채 『피렌체사』의 마지막 두 권으로 다시 눈을 돌린다면, 메디치가의 통치에 대한 마키아벨리의 과장된 묘사 밑에 깔린 혐오의 어조를 어렵지 않게 발견할 수 있을 것이다. 마키아벨리는 코시모에 대한 언급으로 논의를 시작하는데, 그를 단지 "영향력이나 부유함뿐만 아니라 후함"이라는 측면에서도 "당대의 다른 어떤 인물보다" 탁월하다는 찬사를 보낸다. 그러나 코시모가 세상을 떠날 때까지 "도시 안에서 그에게 거액의 돈을 빌리지 않은 시민이 없었다"는 생각이 마키아벨리의 마음에 있었다는 것이 곧 분명해진다(1342). 이처럼 계획적인 후함이 낳는 결과, 즉 그것이 시민을 어떻게 부패시키는지에 대해서는 마키아벨리 자신이 앞서 지적했던 바 있다. 다음으로 마키아벨리는 코시모의 아들 피에로 데 메디치(Piero de' Medici)의 짧은 행적에 대한 논의로 넘어간다. 피에로는 "선량하고 명예로운" 인물로 묘사되지만, 곧 우리는 명예에 대한 피에로의 집착 때문에 기사들의 마상시합이 연이어 열리고 다른 축제들에 공을 들였으며, 그래서 "도시 전체가" 이런 행사들을 준비하고 무대에 올리느라 "여러 달 동안 바빴다"는 사실을 알게 된다(1352). 우리는 이미 이전에 대중에 대한 노골적인 인기영합 정책의 해악에 대한 마키아벨리의 경고를 들은 바 있다. 마지막으로 마키아벨리는 자신의 청년기에 해당하는 로렌초 데 메디치의 시기를 다루는데, 여기에서 그는 격해진 자신의 반감을 억누르려 애쓰지 않는다. 이 단계에 이르러 그는 메디치가의 "운과 후함"이 인민을 부패시키는 데 결정적인 역할을 함으로써 인민들이 메디치가의 전제적 통치를 타도하자는 생각에 "귀머거리가 되었고", 그 결과 더이상 "피렌체에서 자유를 찾아볼 수 없게 되었다"고 주장한다(1393).

최후의 불행

피렌체 정부가 전제적 통치로 전락하고 야만인들이 되돌아왔음에도 불구하고, 이탈리아가 최악의 상황으로 타락하는 것을 면했다는 생각이 마키아벨리에게는 위안이 되었다. 야만인들이 이탈리아를 정복해 들어오기는 했지만, 그들은 이탈리아의 위대한 도시들 가운데 어느 하나도 무력으로 유린하지는 못했다. 마키아벨리가 『전쟁의 기술』에서 주장한 것처럼 "밀라노는 약탈당하지 않았다. 카푸아는 약탈당했지만 나폴리는 그렇지 않았고, 브레시아는 약탈당했지만 베네치아는 그렇지 않았다". 그리고 마지막으로 대단히 상징적으로 "라벤나는 약탈당했지만 로마는 그렇지 않았다"(624).

마키아벨리는 이러한 안도의 말로 운을 시험하지 않았어야 했다. 그리고 이탈리아의 상황에 대해 더 정확하게 알아야 했다. 1525년 황제 카를 5세가 프랑수아 1세를 패퇴시킨 후, 교황 클레멘스 7세는 다시 황제의 군대를 이탈리아 밖으로 몰아낼 계획을 세우고 있었다. 프랑수아 1세는 즉각적인 원조 요청과 더불어 1626년 5월 교황령 국가, 베네치아, 밀라노로 구성된 코냑(Cognac)동맹에 가담했다. 이에 대한 응답으로 카를 5세는 1527년 봄, 다시 자신의 군대를 이탈리아로 진격시켰다. 그러나 황제의 군대는 임금을 지불받지 못한데다 제대로 훈련도 되지 않은 상태였다. 그들은 다른 군사적 목표를 공격하는 대신 곧바로 로마로 진격했다. 5월 6일, 무방비 상태로 남겨진 도시에 진입한 그들은 나흘 동안 학살과 약탈을 자행했고 이는 그리스도교 세계 전체를 충격과 공포에 빠뜨렸다.

로마가 함락된 이후 클레멘스 7세는 즉시 투옥되었고 살기 위해 몸값을 지불해야 했다. 그가 한순간 권력을 잃게 되자 교황의 후원을 받고 있었으며 점점 더 민중의 신임을 잃어가고 있던 메디치가의 통치도 붕괴되고 말았다. 5월 16일 도시 위원회는 공화국의 부활을 선포했고, 다음날 아침 메디치가의 젊은 군주들은 도시를 빠져나와 망명을 시도했다.

마키아벨리가 공화정을 확고하게 지지했음을 고려한다면 피렌체에 자유로운 정부가 부활한 것은 곧 그에게 있어 승리의 순간이어야만 했다. 그러나 지난 6년 동안 그에게 임금을 지불해온 메디치가와의 관계를 고려한다면, 젊은 세대의 공화주의자들의 눈에 그는 몰락한 전제적 정부의 늙고 하찮은 가신으로 보였을 것이 당연하다. 마키아벨리는 자신이 예전에 봉직했던 제2서기국으로 돌아갈 수 있다는 희망을 키웠던 것으로 보인다. 그러나 새로 수립된 반 메디치 정부 안에서는 그에게 어떤 일도 주어지지 않았다.

이러한 아이러니가 마키아벨리의 의지를 꺾은 것으로 보인다. 그 후 얼마 지나지 않아 그는 병에 걸렸고 다시 회복되지 못했다. 그가 임종 시에 성직자를 불러 마지막 고해를 했다는 이야기는 대다수의 전기작가들이 되풀이하는 이야기 가운데 하나이지만, 훗날 꾸며낸 것이 분명하다. 마키아벨리는 생애 내내 교회의 성직을 경멸했으며 그가 세상을 떠나기 전에 이러한 생각을 바꾸었다는 근거는 어디에도 없다. 그는 1527년 6월 21일에 그의 가족과 친구들이 지켜보는 가운데 세상을 떠났고, 다음날 산타 크로체 성당(Basilica di Santa Croce)의 묘지에 매장되었다. 그러나 그의 평판에 대한 상당한 논란이 그 이후로도 지속되었고 1787년에 이르러서야 비로소 성당 안에 묘비가 만들어졌다(그림 6 참조).

다른 어떤 정치 이론가들보다도 마키아벨리의 경우에 우리는 무덤까지 쫓아가 그의 철학을 요약하고 옳고 그름을 따지려는 유혹을 뿌리치기가 힘들다. 실제로 이러한 작업은 그가 세상을 떠나는 즉시 시작되었고 오늘날까지 지속되고 있다. 프랜시스 베이컨(Francis Bacon)과 같은 초기 마키아벨리의 비평가들은 "마키아벨리를 포함하여 인간이 무엇을 해야 하는지가 아니라 무엇을 하는가에 대해 저술했던 이들에게 큰 빚을 지고 있다"는 사실을 시인했다. 그러나 마키아벨리를 처음 접한 대부분의 독자들은 그의 세계관에 큰 충격을 받았고 그를 가리켜 악마의 피조물, 혹은 심지어는 악마 그 자체라고 비난했다. 이와는 반대로 마키아벨리를 연구하는 근대의 비평가들 가운데 대다수는 그의 가장 충격적인 학설들마저도 세

6. 피렌체 산타 크로체 성당 안에 있는 마키아벨리의 무덤. Photograph by Quentin Skinner

속적인 태도로 받아들였다. 그러나 그들 가운데 몇몇, 특히 레오 스트라우스(Leo Strauss)와 그의 제자들은 부끄러운 줄 모르고 스트라우스의 말처럼 마키아벨리를 단순히 "악의 교사"로 간주하는 전통적인 관점을 유지하고 있다.

그러나 역사가의 임무는 분명 교수형을 선고하는 재판관이 아니라 기록하는 천사가 되는 것이다. 따라서 지금까지 이 책에서 내가 노력했던 것은 지엽적이고 가변적인 현재의 기준을 수단으로 활용하여 과거를 찬미하거나 비난하지 않고, 과거를 있는 그대로 재발견해 현재에 제시하는 것이었다. 마키아벨리의 무덤에 있는 비문이 자랑스럽게 말해주는 것처럼 "어떠한 찬사도 그의 위대한 이름에 필적할 수 없다".

참고문헌

본문에 인용된 마키아벨리의 저작

The Art of War in *Machiavelli: The Chief Works and Others*, trans. A. Gilbert, 3 vols (Durham, NC, 1965), vol. 2, 561-726.

Caprices [*Ghiribixxi*] in R. Ridolfi and P. Ghiglieri, 'I Ghiribizzi al Soderini', *La Bibliofilia*, 72 (1970), 71-4.

Correspondence [*Lettere*], ed. F. Gaeta (Milan, 1961).

Discourse on the First Decade of Titus Livius in *Machiavelli*, trans. Gilbert, vol. 2, 175-529.

The Florentine Histories in *Machiavelli*, trans. Gilbert, vol 3, 1025-435.

The Legations [*Legazioni e commissarie*], ed. S. Bertelli, 3 vols (Milan, 1964).

The Life of Castruccio Castracani of Lucca in *Machiavelli*, trans. Gilbert, vol. 2, 533-59.

The Prince, ed. Q. Skinner and R. Price (Cambridge, 2019).

A Provision for Infantry in *Machiavelli*, trans. Gilbert, vol. 1, p. 3.

본문에 인용된 다른 저작

Bracciolini, Poggio, 'Historiae Florentini Populi' in *Opera omnia*, ed. R. Fubini, 4 vols (Turin, 1964).

Brucioli, Antonio, *Dialogi* (Venice, 1538).

Erasmus, Desiderius, *The Education of a Christian Prince*, ed. L. Jardine (Cambridge, 1997).

Giovio, Paolo, 'Niccolò Machiavelli' in *Elogi degli uomini illustri*, ed. F. Minonzio (Turin, 2006).

Guicciardini, Francesco, 'Considerations on the "Discourses" of Machiavelli' in *Select Writings*, trans. and ed. C. and M. Grayson (London, 1965).

Landucci, Luca, *A Florentine Diary from 1450 to 1516*, trans. A. Jervis (London, 1927).

Machiavelli, Bernardo, *Libro di ricordi*, ed. C. Olschki (Florence, 1954).

Patrizi, Francisco, *De regno et regis institutione* (Strasbourg, 1594).

Piccolomini, Aeneas Sylvius, 'Somnium de fortuna' in *Opera Omnia* (Basel, 1551).

Pontano, Giovanni, 'De principe' in *Prosatori Latini del Quattrocento*, ed. E. Garin (Milan, 1952).

Scala, Bartolomeo, 'Dialogue on Laws and Legal Judgments' in *Essays and Dialogues*, trans. R. Watkins (London, 2008).

독서안내

전기

Robert Black, *Machiavelli* (London, 2013); John M. Najemy, *Between Friends: Discourses of Power and Desire in the Machiavelli-Vettori Letters 1513-1515* (Princeton, 1993); Roberto Ridolfi, *The Life of Niccolò Machiavelli,* trans. Cecil Grayson (London 1963); Corrado Vivanti, *Niccolò Machiavelli,* trans. Simon MacMichael (Princeton, 2013).

공직 경력

Robert Black, 'Machiavelli in the Chancery' in *The Cambridge Companion to Machiavelli,* ed. John M, Najemy (Cambridge, 2010), pp. 31-47, Marie Gaille-Nikodimov, *Machiavel* (Paris, 2005), pp. 90-148; J. R. Hale, *Machiavelli and Renaissance Italy* (London, 1961), pp. 47-140; Roslyn Pesman Cooper, 'Machiavelli, Piero Soderini, and the Republic of 1494-1512' in *The Cambridge Companion to Machiavelli,* ed. John M. Najemy (Cambridge, 2010), pp. 48-63. 다음 책의 다섯 개 챕터도 참고할 것, 'Machiavelli and the Republican Experience' in *Machiavelli and Republicanism,* ed. Gisela Bock, Quentin Skinner, and Maurizio Viroli (Cambridge, 1990), pp. 3-117.

정치적 배경

Rudolf von Albertini, *Firenze dalla repubblica al principato* (Turin, 1970); H. C. Butters, *Governors and Government in Early Sixteenth-Century Florence, 1502-1519* (Oxford, 1985); Lauro Martines, *Scourge and Fire: Savonarola and Renaissance Florence* (London, 2006); J. N. Stephens, *The Fall of the Florentine Republic 1512-1530* (Oxford, 1983).

지적 배경

J. H. Burns and Mark Goldie (eds), *The Cambridge History of Political Thought 1450-1700* (Cambridge, 1991); P. O. Kristeller, *Renaissance Thought*, 2 vols (New York, 1961-5); Charles Schmitt (gen. ed.), *The Cambridge History of Renaissance Philosophy* (Cambridge, 1988); Quentin Skinner, *The Foundations of Modern Political Thought*, Vol. 1: *The Renaissance* (Cambridge, 1978).

마키아벨리의 정치 이론에 대한 연구

일반적인 연구: Maria J. Falco (ed.), *Feminist Interpretation of Niccolò Machiavelli* (University Park, Pa, 2004); Felix Gilbert, *Machiavelli and Guicciardini: Politics and History in Sixteenth-Century Italy*, rev. edn (New York, 1984); J. G. A Pocock, *The Machiavelli Moment*, introd. Richard Whatmore (Princeton, 2016); Gennaro Sasso,

Niccolò Machiavelli, 2 vols (Bologna, 1993); Leo Strauss, *Thoughts on Machiavelli* (Glencoe, Ill, 1958); Maurizio Viroli, *Machiavelli* (Oxford 1998).

마키아벨리의 고전 출처: Marcia Colish, 'Cicero's *De officiis* and Machiavelli's Prince', *The Sixteenth Century Journal* 9 (1978), pp. 80-93; Benedetto Fontana, 'Sallust and the Politics of Machiavelli'. *History of Political Thought* 24 (2003), pp. 86-108; Marco Geuna, 'Skinner, Pre-Humanistic Rhetorical Culture and Machiavelli' in *Rethinking the Foundations of Modern Political Thought,* ed. Annabel Brett and James Tully (Cambridge, 2007), pp. 50-72; Pual Rahe, 'In the Shadow of Lucretius: The Epicurean Foundations of Machiavelli's Political Thought', *History of Political Thought* 28 (2007), pp. 30-55; Gennaro Sasso, *Machiavelli e gli antichi e altri saggi,* 3 vols (Milan, 1987-8); Peter Stacey, *Roman Monarchy and the Renaissance Prince* (Cambridge, 2007).

마키아벨리와 르네상스 인문주의: Hans Baron, *The Crisis of the Early Italian Renaissance,* rev. edn (Princeton, 1966); Hans Baron, *In Search of Florentine Civic Humanism,* 2 vols (Princeton, 1988); Felix Gilbert, 'The Humanist Concept of the Prince and *The Prince* of Machiavelli' in *History: Choice and Commitment* (Cambridge, Mass, 1977), pp. 155-76; Peter Godman, *From Poliziano to Machiavelli:*

Florenine Humanism in the High Renaissance (Princeton, 1998), Mark Hulliung, *Citizen Machiavelli* (Princeton, 1983).

군사(軍事): Jérémie Barthas, *L'Argent n'est pas le nerf de la guerre* (Rome, 2011); Robert Black, 'Machiavelli and the Militia: New Thoughts', *Italian Studies* 69 (2014), pp. 41-50; Sean Erwin, 'A War of one's Own: Mercenaries and the Theme of *Arma Aliena* in Machiavelli's *Il principe*', *British Journal for the History of Philosophy* 18 (2010), pp. 541-74; Andrea Guidi, *Un segretario militante: politica, diplomazia e armi nel Cancelliere Machiavelli* (Bologna, 2009); T. J. Lukes, 'Martialising Machiavelli: Reassessing the Military Reflections', *The Journal of Politics* 66 (2004), pp. 1089-2108.

그리스도교와 시민 종교: Alison Brown, 'Philosophy and Religion in Machiavelli' in *The Cambridge Companion to Machiavelli,* ed. John M. Najemy (Cambridge 2010), pp. 157-71; Marco Geuna, 'Ruolo dei conflitti e ruolo della religione nella riflessione di Marchiavelli sulla storia di Roma' in *Marchiavelli: tempo e conflitto,* ed. Riccardo Caporali, Vittorio Morfino, and Stefano Visentin (Milan, 2012), pp. 107-40; James Hankins, 'Religion and the Modernity of Renaissance Humanism' in *Interpretations of Renaissance Humanism,* ed. Angelo Mazzocco (Leiden, 2006), pp. 137-53; Anthony J. Parel, *The Machiavellian Cosmos* (London, 1992); William B. Parsons, *Machiavelli's*

Gospel : *The Critique of Christianity in The Prince* (Rochester, NY, 2016);
J. Samuel Preus, 'Machiavelli's Functional Analysis of Religion:
Context and Object', *The Journal of the History of Ideas* 40 (1979),
pp. 171-90; Vickie B. Sullivan, *Machiavelli's Three Romes* (De Kalb,
Ill., 1996); Miguel Vatter, 'Machiavelli, "Ancient Theology", and the
Problem of Civil Religion' in *Machiavelli on Liberty and Conflict,*
ed. David Johnston, Nadia Urbinati, and Camila Vergara (Chicago,
2017), pp. 113-36; Maurizio Viroli, *Machiavelli's God,* trans. Antony
Shugaar (Princeton, 2010). 그 밖에 *The Journal of the History of Ideas* 60
(1999), pp. 579-681에 수록된 마키아벨리와 종교에 대한 심포지엄
도 참고할 것.

마키아벨리의 수사학: Eric Benner, 'Machiavelli's Ironies: The
Language of Praise and Blame in *The Prince* ', *Social Research* 81
(2014), pp. 61-84; Virginia Cox, 'Machiavelli and the *Rhetorica ad
Herennium* : Deliberative Rhetoric in *The Prince* ', *The Sixteenth
Century Journal* 28 (1997), pp. 109-41; Virginia Cox, 'Rhetoric and
Ethics in Machiavelli' in *The Cambridge Companion to Machiavelli,*
ed. John M. Najemy (Cambridge, 2010), pp. 173-88; Victoria Kahn,
Machiavellian Rhetoric from the Counter-Reformation to Milton
(Princeton, 1994), John M. Najemy, 'Language and The Prince' in
Niccolò Machiavelli's The Prince: New Interdisciplinary Essays, ed.
Martin Coyle (Manchester, 1995), pp. 89-114; Brian Richardson.

'Notes on Machiavelli's Sources and his Treatment of the Rhetorical Tradition', *Italian Studies* 26 (1971), pp. 24-48; Peter Stacey, 'Definition, Division and Difference in Machiavelli's Political Philosophy', *The Journal of the History of Ideas* 75 (2014), pp. 189-211; J. N. Stephens, 'Ciceronian Rhetoric and the Immorality of Machiavelli's Prince', *Renaissance Studies* 2 (1988), pp. 258-67; J. F. Tinkler, 'Praise and Advice: Rhetorical Approaches in More's *Utopia and Machiavelli's Prince* ', *The Sixteenth Century Journal* 19 (1988), pp. 187-207.

마키아벨리 정치이론의 핵심개념에 대한 연구

야망: Russell Price, ' *Ambizione* in Machiavelli's Thought', *History of Political Thought* 3 (1982), pp. 382-445; Carlo Varotti, *Gloria e ambizione politica nel rinascimento: da Petrarca a Machiavelli* (Milan, 1998).

제국: William J. Connell, 'Machiavelli on Growth as an End' in *Historians and Ideologues: Essays in Honor of Donald R. Kelley*, ed. Anthony T. Grafton and J. H. M. Salmon (Rochester, NY, 2001), pp. 259-77; Mikael Hörnqvist, *Machiavelli and Empire* (Cambridge, 2004).

포르투나: Oded Balaban, 'The Human Origins of *Fortuna* in Machiavelli's Thought', *History of Political Thought* 11 (1990), pp.

21-36.; Thomas Flanagan, 'The Concept of *Fortuna* in Machiavelli' in *The Political Calculus,* ed. Anthony Parel (Toronto, 1972), pp. 127-56; W. R. Newell, 'How Original is Machiavelli? A Consideration of Skinner's Interpretation of Virtue and Fortune', *Political Theory* 15 (1987), pp. 612-34; Hanna Pitkin, *Fortune is a Woman; Gender and Politics in the Thought of Niccolò Machiavelli* (Berkeley, 1984).

자유: Marcia Colish, 'The Idea of Liberty in Machiavelli', *The Journal of the History of Idea* 32 (1971), pp. 323-50; Quentin Skinner, 'Machiavelli on *virtù* and the Maintenance of Liberty' in *Visions of Politics,* Vol. 2: *Renaissance Virtues* (Cambridge, 2002), pp. 160-85; Miguel Vatter, *Between Form and Event: Machiavelli's Theory of Political Freedom* (Dordrecht, 2000).

국가: Alissa Ardito, *Machiavelli and the Modern State* (Cambridge, 2015); Marco Geuna, 'Machiavelli and the Problem of Dictatorship', *Ratio Juris* 28 (2015), pp. 226-41; J, H. Hexter, 'The Predatory Vision: Niccolò Machiavelli, *Il principe* and *lo stato*' in *The Vision of Politics on the Eve of the Reformation* (London, 1973), pp. 150-78; Harvey C. Mansfield, 'Machiavelli's *Stato* and the Impersonal Modern State' in *Machiavelli's Virtue* (Chicago, 1996), pp. 281-94; Quentin Skinner, 'From the State of Princes to the Person of the State' in *Visions of Politics,* Vol. 2: *Reneaissance Virtues* (Cambridge,

2002), pp. 368–413; Peter Stacey, 'Free and Unfree States in Machiavelli's Political Philosophy' in *Freedom and the Construction of Europe*, Vol. 1: *Religious Freedom and Civil Liberty*, ed. Quentin Skinner and Martin van Gelderen (Cambridge, 2013), pp. 176–94.

비르투: Eugene Garver, *Machiavelli and the History of Prudence* (Madison, Wis., 1987); Victoria Kahn, '*Virtù* and the Example of Agathocles in Machiavelli's *Prince*', *Representations* 13 (1986), pp. 68–83; Harvey C. Mansfield, *Machiavelli's Virtue* (Chiago, 1996), pp. 6–52; Cary Nederman, 'Machiavelli and Moral Character: Principality, Republic and the Psychology of *Virtù*', *History of Political Thought* 21 (2000), pp. 349–64; Russell Price, 'The Senses of *Virtù* in Machiavelli', *European Studies Review* 4 (1973), pp. 315–45; Quentin Skinner, 'Machiavelli on Misunderstanding Princely *Virtù* in *From Humanism to Hobbes: Studies in Rhetoric and Politics* (Cambridge, 2018), pp. 45–62.

『군주론』에 대한 연구

Hans Baron, 'Machiavelli: The Republican Citizen and the Author of "The Prince"', *English Historical Review* 76 (1961), pp. 217–53; Erica Benner, *Machiavelli's Prince: A New Reading* (Oxford, 2013); Federico Chabod, *Machiavelli and the Renaissance*, trans. David Moore (London, 1958); J. G. A. Pocock, *The Machiavellian Moment*, introd. Richard Whatmore (Princeton, 2016), pp. 156-82, Quentin Skinner, 'Introduction' to *The Prince*, ed. Quentin Skinner and Russell Price (Cambridge, 2019), pp. x-xxvi; Miguel Vatter, *Machiavelli's The Prince* (London, 2013).

『로마사 논고』에 대한 연구

Francesco Bausi, *I 'Discorsi' di Niccolò Machiavelli: genesi e strutture* (Florence, 1985); Patrick J. Coby, *Machiavelli's Romans: Liberty and Greatness in the Discourses on Livy* (Lamham, Md, 1999); Marco Geuna, 'Machiavelli e il problema della dittatura' in *'Ragionare dello stato': studi su Mahciavelli*, ed. Anna Maria Cabrini (Milan, 2017), pp. 116-32; Felix Gilbert, 'The Composition and Stucture of Machiavelli's *Discorsi*' in *History: Choice and Commitment* (Cambridge, Mass., 1977), pp. 115-33; Harvey C. Mansfield, *Machiavelli's New Modes and Orders: A Study of the Discourses on Livy* (Ithaca, NY, 1979); John P. MeCormick, Machiavellian Demorcacy (Cambridge, 2011); John M. Najemy, 'Society, Class, and State in Machiavelli's *Discourses on Livy*' in *The Cambridge Companion to Machiavelli*, ed. John M. Najemy (Cambridge, 2010), pp. 96-111; Gabriele Pedullà, *Machiavelli in tumulto: conquista, cittadinanza e conflitto nei 'Discorsi and sopra la prima deca di Tito Livio'* (Rome, 2011); J. G. A. Pocock, *The Machiavellian Moment*, introd. Richard Whatmore (Princeton, 2016), Pre-humanist Origins of Republican Idea's in *Machiavelli and*

Republicanism, ed. Gisela Bock, Quentin Skinner, and Maurizio Viroli (Cambridge, 1990), pp. 121–41; Maurizio Viroli, 'Machiavelli and the Republican Idea of Politics' in *Machiavelli and Republicanism*, ed. Gisela Bock, Quentin Skinner, and Maurizio Viroli (Cambridge, 1990), pp. 143–71.

『피렌체사』에 대한 연구

Gisela Bock, 'Civil Discord in Machiavelli's *Istorie Fiorentine*' in *Machiavelli and Republicanism*, ed. Gisela Bock, Quentin Skinner, and Maurizio Viroli (Cambridge, 1990), pp. 181–201; Anna Maria Cabrini, 'Machiavelli's *Florentine Histories*' in *The Cambridge Companion to Machiavelli*, ed. John M. Najemy (Cambridge, 2010), pp. 128–43; Michelle T, Clarke, *Machiavelli's Florentine Republic* (Cambridge, 2018); Salvatore Di Maria, 'Machiavelli's Ironic View of History: *The Istorie fiorentine*', *Renaissance Quarterly* 45 (1992), pp. 248–70; Carlo Dionisotti, 'Machiavelli storico' in *Machiavellerie* (Turin, 1980), pp. 365–409; Felix Gilbert, 'Machiavelli's *Istorie Fiorentine*: An Essay in Interpretation' in *History: Choice and Commitment* (Cambridge, Mass, 1977), pp. 135–53; Mark Jurdjevic, *A Great and Wretched City: Promise and Failure in Machiavelli's Florentine Political Thought* (Cambridge, Mass, 2014); Christopher Lynch, 'War and Foreign Affairs in Machiavelli's *Florentine Histories*', *Review of Politics* 74 (2012), pp. 1–26; Harvey C. Mansfield, 'Party and Sect in Machiavelli's *Florentine Histories*' in *Machiavelli's Virtue* (Chicago, 1996), pp. 137-75; John. P. McCormick, 'On the Myth of a Conservative Turn in Machiavelli's *Florentine Histories*' in *Machiavelli on Liberty and Conflict*, ed. David Johnston, Nadia Urbinati, and Camila Vergara (Chicago, 2017), pp. 330-51; David Quint, 'Narrative Design and Historical Irony in Machiavelli's *Istorie Fiorentine*', *Rinascimento* 43 (2003), pp. 31-48.

니콜로 마키아벨리 지음, 곽차섭 옮김,『군주론』, 길, 2017

『군주론』의 한국어 번역본은 수십 종에 이르지만 안타깝게도 대다수가 원전번역을 표방하고 있음에도 실제로 원전에 충실한 번역본은 드물다. 곽차섭의『군주론』이 마키아벨리의 문장을 가장 정확하게 옮겨놓은 가장 신뢰할 수 있는 번역본이다. 오랜 시간 동안 마키아벨리 연구에 전념해왔던 역자의 깊이 있는 서문과 주석이 마키아벨리의 사상에 대한 정확한 이해를 돕는다.

니콜로 마키아벨리 지음, 강정인·김경희 옮김,『로마사 논고』, 한길사, 2019

마키아벨리는 이 저작에서 공화정 로마가 성공을 거둔 원인을 밝히기 위해 로마의 법률과 제도, 군사 정책 등을 분석한다. 공화주의자로서 마키아벨리를 이해하기 위한 가장 중요한 저작으로, 마키아벨리의 사상에 대한 심도 있는 이해를 위해서는『군주론』과 더불어『로마사 논고』의 독해가 필수적이다.

곽차섭 지음,『마키아벨리즘과 근대 국가의 이념』, 현상과인식, 1996

저자는 16세기와 17세기 "국가 이성" 논쟁과 "타키투스주의"라는 사상적 조류를 매개체로 마키아벨리의 사상이 확산되는 과정, 나아가 근대 국가의 이념과 절대주의의 출현에 영향을 미치게 되는 과정을 탐구한다. 마키아벨리에 대한 후대의 인식 및 마키아벨리즘의 역사적 중요성과 관련하여 필수적인 연구서 가운데 하나이다.

J.G.A. 포칵 지음, 곽차섭 옮김,『마키아벨리언 모멘트』, 나남, 2011

마키아벨리를 비롯해 르네상스 인문주의자들이 부활시켰던 공화정의 이상이 근대 세계에서 확산되어나가는 과정을 탐구한 저작이다. 저자는 특히 마키아벨리의 공화주의가 미국의 건국이념에 지대한 영향을 미쳤다는 주장을 제시한다. 마키아벨리가 후대에 미친 영향 및 마키아벨리즘의 역사적 중요성과 관련된 필수적인 연구서이다.

조한욱 지음,『마키아벨리를 위한 변명』, 아이세움, 2015

저자는 마키아벨리의 악평은 맥락을 고려하지 않은 읽기의 산물이라고 주장한다. 그리고 마키아벨리가 처해 있던 여러 층위의 역사적 맥락 속에서 그리고 마키아벨리가 쓴 수많은 다른 저작들과의 연관 속에서『군주론』에 대한 독해를 시도한다. 마키아벨리의 삶과 사상 그리고 당대의 맥락 등이 친절하고 상세하게 제시되어 있는 까닭에 특히 마키아벨리를 처음 접하는 독자라고 하더라도 쉽게 이해할 수 있다.

로베르토 리돌피 지음, 곽차섭 옮김, 『마키아벨리 평전』, 아카넷, 2000

권위 있는 문헌학자 리돌피가 쓴 평전으로 지금까지 출판된 마키아
벨리의 전기 가운데 최고로 꼽힌다. 리돌피는 방대한 사료를 치밀하
게 분석하여 당대 피렌체의 사상과 문화 속에서 인간 마키아벨리의
면모를 훌륭하게 재구성해낸다.

레오 스트라우스 지음, 함규진 옮김, 『마키아벨리』, 구운몽, 2006

1958년 출판된 미국의 정치철학자 레오 스트라우스의 유명한 연구
서이다. 스트라우스는 마키아벨리를 "악의 교사"로 규정하는 관점을
지지한다. 스트라우스의 견해는 오늘날 마키아벨리를 목적을 위해
수단과 방법을 가리지 않는 냉혈한 모략가로 바라보는 해석적 노선
을 대표한다. 그러나 이 책의 본문 마지막 장에 드러나는 것처럼 스
키너는 스트라우스의 견해에 명백한 반대를 표명한다.

레오나르도 브루니 지음, 임병철 옮김, 『피렌체 찬가』, 책세상, 2002

15세기 피렌체의 대표적인 인문주의자 브루니가 조국에 바치는 헌
사이다. 브루니는 피렌체가 가진 여러 장점들 가운데 특히 공화정 로
마의 이상이 재현되었다는 점에서 피렌체를 세계 최고의 도시로 예
찬한다. 마키아벨리가 활동하던 르네상스 시기 피렌체의 문화적 기
후뿐만 아니라 인문주의자들의 전형적인 사고방식 및 그들이 고대
의 공화정을 바라보던 시각에 대해 알고 싶은 독자들에게 추천할 만
하다.

역자 후기

오늘날 마키아벨리에 관한 글들 가운데 대다수는 그를 둘러싼 악평에 대한 언급과 함께 시작된다. 마키아벨리가 세상을 떠난 직후부터 오늘날까지 그를 따라다녔던 악평은 차라리 저주에 가깝다. 사실 학계의 반응을 전체적으로 놓고 본다면 이러한 악평에 부합하는 해석을 내놓은 것은 단지 소수에 불과하다. 마키아벨리를 "악의 교사"로 규정했던 미국의 정치철학자 레오 스트라우스와 그의 추종자들이 대표적이다. 오늘날 여러 뛰어난 학자들의 노력으로 마키아벨리를 둘러싼 배경과 맥락들이 상세하게 재구성되었을 뿐만 아니라 공화주의 이론가로서의 면모가 재조명되면서 이러한 견해는 점차 설득력을 잃어가고 있지만, 그럼에도 불구하고 대중들의 의식 속에서 오백 년 이상 지속되어온 이미지는 쉽게 깨지지 않는다.

왜곡된 이미지는 무엇보다 맥락에 대한 무지에서 비롯된다. 비단 마키아벨리의 사례뿐만 아니라 어떤 사상가의 저작이든 마찬가지이다. 온전한 이해를 위한 열쇠는 그 저작이 집필된 맥락으로부터 접근하는 것이다. 다시 말해, 악평의 주된 원인이 되었던 『군주론』의 많은 구절들은 당대 피렌체의 정치적 상황과 문화적 기후 그리고 마키아벨리의 개인적인 삶의 경험들 속에서 읽히고 이해되어야 한다. 마키아벨리가 쓴 다른 저작들과의 비교가 필요한 것도 물론이다.

이 책의 저자인 스키너는 마키아벨리를 단지 『군주론』의 저자로서만 다루지 않는다. 그는 마키아벨리라는 인물을 구성하는 네 개의 상(像), 즉 "외교관" "군주의 조언자" "자유의 이론가" "피렌체의 역사가"라는 상을 제시한 후, 각각의 맥락에 대한 재구성을 시도한다. 스키너에 따르면 서로 다른 각각의 상 뒤에 공통적으로 존재하는 맥락은 르네상스와 인문주의이다. 스키너는 기본적으로 마키아벨리의 주장들을 고대 저자들의 도덕이론과 정치이론에 대한 반응으로 읽어낸다. 마키아벨리의 반응은 고대의 이론을 그대로 답습했던 당대 인문주의자들의 주장과 차별화되는, 그리고 많은 경우 그들의 주장을 전복시키는 독창성을 지니는데, 이러한 독창성은 당대의 국제정세 그리고 피렌체 내부정치에 대한 마키아벨리의 체험과 인식으로부터 비롯된다.

한편 일각에서는 이러한 스키너의 분석이 마키아벨리가 가진 단면들을 단지 파편적으로 늘어놓고 있을 뿐이라는 비판이 제기되기도 한다. 스키너가 제시한 마키아벨리의 네 가지 상은 때로는 서로 모순되는 모습으로 나타나기도 하는데 스키너가 이러한 모순에 대한 명시적인 대답을 제시하지 않고 있기 때문이다. 예를 들어 『군주론』을 통해 군주란 국가의 보전을 위해서라면 그것이 도덕적인 일이든 그렇지 않든 필요한 모든 일을 해야 한다고 주장했던 마키아벨리와 이후 『로마사 논고』를 통해 전제적 통치의 해악을 지적하고 인민의 자유를 강조했던 마키아벨리 사이의 모순은 오늘날까지도 학자들 사이의 논쟁이 지속되고 있는 문제이다. 스키너는 단지 전자와 후자를 각각 독립적인 장으로 구분해 서술하고 있을 뿐이며, 따라서 판단은 독자들의 몫으로 남겨지게 된다.

이 책을 번역하면서 가장 주의를 기울였던 부분은 설사 역자 자신도 지성사 연구자로서 스키너의 생각에 동의하지 않는 부분이 있다고 할지라도 그러한 생각을 번역에 개입시키지 않도록 하는 것이었다. 그렇게 함으로써 저명한 지성사가 스키너의 의도를 왜곡시키지 않고 그대로 독자들에게 전달하기 위해 최선을 다했다. 이와 동일한 맥락에서, 본문에 인용되는 『군주론』의 여러 구절들이 간혹 원전과 차이가 나는 부분이 있다고 할지라도 스키너가 영어로 번역한 내용 그대로를 한국어로 옮기기 위해 노력했음을 밝히는 바이다.

2021년 3월

임동현

마키아벨리
MACHIAVELLI

초판 1쇄 인쇄 2021년 3월 25일
초판 1쇄 발행 2021년 4월 5일

지은이 퀜틴 스키너
옮긴이 임동현
펴낸이 신정민
편집 강건모 신정민
디자인 강혜림
저작권 한문숙 김지영 이영은
마케팅 정민호 김경환
홍보 김희숙 김상만 함유지 김현지
　　　 이소정 이미희 박지원
제작 강신은 김동욱 임현식

제작처 한영문화사(인쇄) 한영제책사(제본)
펴낸곳 (주)교유당
출판등록 2019년 5월 24일
　　　　　제406-2019-000052호
주소 10881 경기도 파주시 회동길 210
문의전화 031) 955-8891(마케팅)
　　　　　031) 955-2680(편집)
팩스 031) 955-8855
전자우편 gyoyudang@munhak.com
ISBN 979-11-91278-28-6 03300